Der Autor

Ingo Michael Simon studierte Psychologie und Pädagogik und ist Hypnosetherapeut mit Praxistätigkeiten in Südwestdeutschland und in der Schweiz. Mit Hilfe hypnosegestützter Psychotherapie behandelt er vor allem Menschen mit anhaltenden psychischen Leiden. Angststörungen, pathologische Zwänge und psychosomatische Erkrankungen bilden den Schwerpunkt seiner Praxistätigkeit. Zu seinen therapeutischen Angeboten gehören hauptsächlich klassische und moderne Hypnoseanwendungen, Rückführungen und Reinkarnationstherapie sowie Therapie auf der Zauberwiese und die von ihm selbst entwickelte Traumlandtherapie.

Wichtiger Hinweis

Die Inhalte dieses Buches beruhen auf den praktischen Erfahrungen des Autors mit Hypnoseanwendungen und Psychotherapie im Zustand der Trance. Obwohl sich der Autor um größtmögliche Sorgfalt bemüht hat, können Fehler oder Missverständnisse in der Darstellung nicht vollkommen ausgeschlossen werden. Die therapeutische Arbeit mit Menschen sowie die Anwendung der Hypnose obliegen ausschließlich der Verantwortung des Hypnotiseurs. Es kann nicht ausgeschlossen werden, dass Teile dieses Buches falsch verstanden werden oder die Anwendung eines vorgestellten Verfahrens eine ungewünschte Reaktion beim Klienten bewirken kann. Eine Mitverantwortung des Autors besteht auch dann nicht, wenn unter Hinweis auf die Ausführungen dieses Buches mit einem Klienten gearbeitet wird.

Zehn Hypnosen - Band 4

Übergewicht reduzieren

ZEHN HYPNOSEN - BAND 4

ÜBERGEWICHT REDUZIEREN

ISBN: 9783732245697
Herstellung und Verlag:
BoD - Boks on Demand, Norderstedt

Kontakt: www.praxissimon.de

FSC
www.fsc.org
MIX
Papier aus verantwortungsvollen Quellen
Paper from responsible sources
FSC® C105338

Inhaltsverzeichnis

Vorwort

Dieses Buch ist das vierte einer losen Reihe von Textsammlungen für Hypnotiseure und Hypnosetherapeuten. Jedes Buch der Reihe enthält zehn Hypnosehauptteile zu einem bestimmten Thema. Außerdem finden Sie Textvorlagen für die weiteren Bausteine einer gelungenen Hypnosesitzung, die Sie frei miteinander kombinieren können. Mit diesem modularen Aufbau steht Ihnen ein Baukastensystem für Ihre Hypnosesitzungen zur Verfügung. Wenn Sie bereits mit eigenen, bevorzugten Einleitungen oder Vertiefungen arbeiten, bauen Sie einfach den jeweiligen Hauptteil in Ihren Ablauf ein. Viele frisch ausgebildete Hypnotiseure klagen darüber, zu wenig Suggestionstexte verfügbar zu haben, und in der Tat gibt es nur sehr wenig hierzu in Büchern oder bei Ausbildungsveranstaltungen. Sicherlich lernt jeder, der mit Hypnose arbeitet, früher oder später, eigene Texte frei zu formulieren. Daran misst sich allerdings nicht die Qualität der Arbeit. Die Art des Vortragens der Suggestionen und die Überzeugungskraft des Therapeuten sind oft viel ausschlaggebender als die einzelnen Formulierungen. Dennoch zeigt meine Erfahrung, dass bestimmte Formulierungen und ein ganz bestimmter Aufbau einer Hypnosesequenz sehr stark über den Erfolg der Arbeit mit entscheiden können. Ich verzichte ganz gezielt auf theoretische Ausführungen und auf Hinweise zum nonverbalen und paraverbalen Anteil der Sitzung. Ich gehe davon aus, dass die Leserinnen und Leser dieses Buches zumindest über eine abgeschlossene Grundausbildung in Hypnose verfügen und wissen, wie die Texte eingesetzt werden können.

Ingo Michael Simon

Das Baukastensystem

Nachdem bereits das dritte Buch dieser Reihe erschienen war und mich viele Zuschriften von Leserinnen und Lesern erreichten, die meine Texte mit Freude und Erfolg in ihrer Arbeit benutzen, beschloss ich, die drei ersten Bände neu zu schreiben bzw. umzuschreiben und den Aufbau der Bücher grundlegend zu verändern. Die Rückmeldungen haben gezeigt, dass der Bedarf an weiteren Texten hoch ist, dass das Bedürfnis nach noch mehr Flexibilität und Individualität ebenfalls berücksichtigt werden sollte. Einerseits habe ich dieses Buch geschrieben, um Ideen zu geben, Beispiele greifbar zu machen und zu zeigen, wie Hypnosen im Praxisalltag tatsächlich aussehen können. Andererseits ist es aber auch als Lese- oder genauer gesagt Vorlesebuch konzipiert. Es spricht nämlich überhaupt nichts dagegen, einen Hypnosetext vorzulesen. Er wird dadurch nicht schlechter. Während ich in den älteren Ausgaben der ersten drei Bände zusammenhängende Texte für zehn Hypnosesitzungen aufgeschrieben habe, bin ich nun dazu übergegangen, Texte für die einzelnen Bausteine der Hypnosesitzung zu schreiben, die dann jeweils mit den selbstverständlich ausformulierten Hauptteiltexten frei kombiniert werden können.
Der Aufbau und Ablauf einer Hypnose wird von verschiedenen Autoren und Ausbildern unterschiedlich beschrieben, wobei die meisten jedoch der gleichen Grundidee folgen. Ich bevorzuge nicht nur einfache Abläufe, sondern auch nachvollziehbare Gliederungen und unterscheide in dieser Buchreihe daher sieben Schritte einer Hypnosesitzung. Für jeden Schritt gibt es Textvorlagen, die nach Belieben miteinander kombiniert werden können. Ich habe diesen Aufbau gewählt, um trotz fertiger Vorlagen auch Raum für Individualität zu lassen. So ist es mit der Zeit oder für fortgeschrittene Hypnotiseure auch

leichter möglich, eigene Texte und Formulierungen zu verwenden und nur den Hauptteil für die jeweilige Sitzung diesem Buch zu entnehmen. Ich unterscheide folgende Schritte einer Hypnose:

1. Einleitung (Induktion)
2. Vertiefung der Trance
3. Förderung der Veränderungsbereitschaft (Compliance)
4. Hauptteil (Therapieteil, Anwendungsteil)
5. Festigung (Posthypnotischer Auftrag)
6. Dehypnose 1 (Übergang zur Ausleitung)
7. Dehypnose 2 (Ausleitung der Trance)

Die Punkte in den Texten ... ... unterbrechen ... ... den ... ... Lesefluss und zwingen zu Pausen bzw. zum langsamen Lesen, was meistens viel schwieriger ist als langsames Freisprechen. Bauen sie die Texte in ihre Sitzungen ein und lesen sie diese vor oder verändern sie Teile und passen sie für ihre Klienten an. Allgemein gültige Textvorlagen, die bei allen Klienten und allen Problemkonstellationen gleichermaßen wirken, können nicht erstellt werden. So verstehe ich meine Bücher auch nicht. Ich verstehe sie vor allem als Beispielsammlungen, die in vielen Fällen, so bestätigen es zahlreiche Zuschriften meiner Leserinnen und Leser, bereits passend sind oder durch wenige individuelle und personalisierte Ergänzungen passend gemacht werden können. Ich verstehe sie aber auch als Vorlagen, die als Basis für eigene Texte und Suggestionen dienen können. Entscheiden sie selbst!

Die Hauptteiltexte

Ich habe bei den Texten für die Hauptteile darauf geachtet, verschiedene Hypnoseformen anzubieten. In meiner eigenen Arbeit enthalten die Therapiesitzungen oft Elemente aus verschiedenen Bereichen, die ich miteinander kombiniere, beispielsweise baue ich ideomotorische Kommunikation in Fantasiereisen ein. In der Reihe ***Zehn Hypnosen*** finden sie jeweils Texte zu folgenden Varianten der Hypnose:

- klassische Suggestion (2 Texte)
- Ankertechnik (2 Texte)
- kreative Assoziation (2 Texte)
- ideomotorischen Arbeit (1 Text)
- somato-emotionalen Visualisierung (1 Text)
- Fantasiereise (2 Texte)

Die beiden Textvorlagen zur klassischen Suggestion arbeiten mit konstruktiven Formulierungen, die auf einer sprachlich-logischen Basis arbeiten und nach beschreibbaren Suggestionsregeln formuliert werden. Wenn sie sich mit den Formulierungsregeln für Suggestionen genauer befassen möchten, finden sie Detailinformationen mit vielen Beispielen in meinem Buch ***Suggestionen richtig formulieren (ISBN 978-3-8370-9519-7)***. Ankertechniken arbeiten mit konditionierten, also antrainierten bzw. gelernten Signalen, die ein bestimmtes Gefühl, einen Gedanken oder eine Wahrnehmung auslösen sollen. Der Anker kann beispielsweise eine Körperbewegung sein, ein Symbol oder Talisman, der angeschaut wird oder ein Duft, der über die Nase aufgenommen wird. Kreative Assoziationen sind bildhafte Vorstellungen von

Szenen, die als Symbol für das bearbeitete Problem stehen und stellvertretend für dieses verstanden und verändert werden. Bei diesen Hypnosen kommt es weniger auf ausgefeilte Formulierungen als auf Plastizität der Visualisierungen an. Bei der ideomotorischen Kommunikation erhalten wir Rückmeldungen vom Körper des Klienten, der über sichtbare Signale wie Fingerbewegungen oder Armlevitationen, Hautrötungen oder Katalepsien (Unbeweglichkeiten) innere Vorgänge äußerlich abbildet. Hierbei kommt es darauf an, keine aktiven Signale des Klienten abzufragen, sondern unbewusst gesteuerte und unbewusst gegebene Signale zu verwenden. Fantasiereisen gehen schließlich einen längeren Weg über mehrere Stationen einer imaginierten Welt, um sich in dieser Fantasiewelt mit Problemen auseinander zu setzen und Lösungswege zu finden. Für diese Variante der Hypnose biete ich Texte aus der von mir entwickelten ***Traumlandtherapie*** an, die die eigentlichen Geschichten nicht inhaltlich strukturiert, wie das bei vielen Fantasiereisen oder Trancegeschichten üblich ist. Das Land der Träume ähnelt eher einer Filmkulisse mit offenen Szenen, die von der Erinnerung und den visualisierten Emotionen des Klienten intuitiv gefüllt werden. Somato-emotionale Hypnosen arbeiten mit der Verbindung von Emotion und Körpergefühl und leiten Veränderungen über die Steuerung der Konzentration auf und Achtsamkeit für den eigenen Körper ein. Zur schnellen Orientierung ist bei jedem Hauptteiltext natürlich ein Untertitel abgedruckt, der zeigt, um welche Variante es sich jeweils handelt.

Ich möchte an dieser Stelle noch darauf hinweisen, dass Bücher keine Therapien ersetzen können. Zu einer Psychotherapie oder einer anderen therapeutischen Behandlung gehört selbstverständlich mehr. Eine sorgsame Diagnostik ist die notwendige Entscheidungsgrundlage für den Einsatz der Mittel, also auch dafür, ob Hypnose oder einer meiner Texte zur Anwendung kommen mag. Doch auch in diesem Fall gehören Vorgespräche, Nachgespräche während der Sitzung und natürlich ein therapeutisches

Konzept der Sitzungsfolge und inhaltlichen Vorgehensweise zu einer Therapie. Das kann und will ich nicht mit einer Textsammlung leisten. Tief gehende innere Konflikte und krankhafte Zustände müssen immer in ihrer Gesamtheit und Komplexität betrachtet werden. In meiner praktischen Arbeit bildet die Gesprächstherapie nach Carl Rogers die Grundlage der inneren Auseinandersetzung des Klienten mit sich und seinen Themen. Geführte Fantasiereisen oder andere Hypnoseanwendungen ergänzen diese Arbeit und helfen dem Klienten, das zu erkennen und zu bearbeiten, was seinem Wachbewusstsein nur schwer zugänglich oder vollkommen versperrt ist. So einfach die Texte des Buches teilweise klingen mögen, eingebettet in eine strukturierte und professionell geführte Psychotherapie ist es nicht erforderlich, komplexere oder filigran formulierte und intensiv-suggestive Hypnosen anzuwenden. In der Einfachheit liegt viel häufiger die Möglichkeit der tatsächlichen Veränderung. Zumindest entspricht das meiner Erfahrung als Heilpraktiker für Psychotherapie, der täglich mit Patienten arbeitet.

Einleitung 1:

Finde zunächst einmal die richtige Position … … Mach es dir so richtig bequem … … Gönne dir diese Gemütlichkeit … … Dann schließe einfach deine Augen … … So wird es dann noch viel bequemer … … Und nun achte auf deine Atmung … … Atme ruhig und gleichmäßig … … Und komm dabei zur Ruhe … … Vielleicht weißt du ja, dass deine ruhige Atmung zur Entspannung führt … … Wenn du also in aller Ruhe weiter atmest … … kommst du auch automatisch in eine schöne innere Ruhe … … Du atmest ein und aus … … ein und aus … … Immer wenn du einatmest, nimmst du Sauerstoff und Energie auf … … Und immer wenn du ausatmest, entspannst du tiefer … …

und kannst dabei etwas loslassen … … Mit jedem Atemzug kannst du etwas loslassen … … mit jedem einzelnen Atemzug … … Du atmest aus und lässt dabei alle Pflichten los … … Du atmest aus und lässt dabei alle Gedanken los … … Du atmest aus und lässt dabei alle Ziele los … … Du atmest aus und kommst dabei zur Ruhe … … Und mit jedem Atemzug kannst du mehr entspannen … … immer tiefer und tiefer … … so tief wie du es willst … … Und langsam gleitest du hinab … … In einen Zustand der Ruhe, die immer angenehmer und angenehmer wird … … vielleicht merkst du schon, dass es ruhiger in dir wird … … lass einfach los und lass es noch ruhiger werden … … in aller Ruhe … … in deiner Geschwindigkeit … … in deinem Tempo … …

Einleitung 2:

Während du die Liege unter deinem Körper fühlen kannst und spürst, wie weich der Untergrund sich anfühlt, kannst du gleichzeitig das Licht hier im Raum durch die geschlossenen Augen noch leicht wahrnehmen, und du kannst die Musik hören, die im Hintergrund läuft und dabei sinkst du in eine schöne, angenehme Entspannung … …

… … Unter deinem Kopf bemerkst du das Kopfkissen, und wenn du darauf achtest, kannst du wahrnehmen, wie dein Atem ein- und ausströmt. Dabei hebt und senkt sich dein Brustkorb, und du hörst meine Stimme laut und deutlich, wobei du immer weiter entspannst und ganz tief hinab sinkst … …

… … Wenn du dich auf die Haut deines Gesichtes konzentrierst, kannst du ein Gefühl für die Temperatur hier im Raum entwickeln, und unter deinen Händen fühlst du die weiche Wolldecke, während du ganz tief entspannst und immer tiefer und tiefer sinkst und in eine schöne Trance gehst … …

… … Du kannst deinen Atem spüren und ihn gleichzeitig hören, und während das geschieht, sinkst du immer tiefer hinab, wobei du alles loslässt und einfach vertraust und eine schöne tiefe Trance erreichst … …Dein Unterbewusstsein kennt den Weg in eine tiefe Trance. In deinem Tempo gleitest Du hinab, dabei entspannt sich dein Körper immer mehr, und alles fällt von dir ab, und du gelangst immer tiefer und tiefer … …

Einleitung 3:

Nun lege dich erst einmal so richtig bequem hin und atme einige Male in aller Ruhe ein und aus … … Und nun richte deinen Blick auf den Punkt zwischen meinen Fingern und folge der Bewegung meiner Finger … ... *[Aus Sicht des Klienten nach links starten, mit weiten und zügigen Pendelbewegungen.]* ... ... hin und her und hin und her und hin und her *[immer im Rhythmus der Bewegung]* … und hin und her … … Bleibe mit deinem Blick auf meinen Fingern … … Vielleicht fragst du dich, ob deine Augen sich schon bald schließen werden … … Und vielleicht fühlst du schon die Schwere und die Müdigkeit, die sich in den Augen einstellt … … Und während deine Augen weiter hin und her wandern … … hin und her, immer meinen Fingern folgend … … werden deine Augenlider langsam müde und schwer, wobei du in eine ganz tiefe Entspannung sinkst … … Und wenn der Zeitpunkt gekommen ist, die Augen zu schließen, weil du denkst, dass das viel angenehmer und bequemer ist … … dann kannst du sie einfach schließen und geschlossen halten … … Sobald der richtige Zeitpunkt gekommen ist, die Augen zu schließen … ... … *[falls die Augen nicht geschlossen werden] … Nun schließe einfach einmal deine Augen und sinke in eine tiefe Entspannung* … … So ist es gut … … Du kannst nun in einen wunderschönen Zustand der inneren Ruhe gehen … …

Vertiefung der Trance 1:

Zur Unterstützung deiner inneren Ruhe machen wir eine Reise durch deinen Körper ... ... Du kannst einmal auf deine Atmung achten und spüren, wie dein Atem ein- und ausströmt ... ... Und du kannst dir vorstellen, dass du deine Atemluft lenken könntest, mit der Kraft deiner Gedanken ... ... Du stellst dir also jetzt einmal vor, dass du deinen Atem in deine Armen lenken kannst ... ... Du atmest ein und stellst dir vor, wie die Atemluft bis ganz tief in die Arme strömt ... ... zu den Händen, bis in die Finger hinein ... ... Und beim Ausatmen strömt die Luft wieder sanft und geschmeidig zurück und über die Nase nach draußen ... ... Dabei entspannen sich deine Arme ganz von selbst ... ... Und nun konzentrierst du dich auf den Kopf ... ... Du kannst nun beginnen, in deinen Kopf hinein zu atmen ... ... Diese Vorstellung ist ziemlich leicht. Du spürst sowieso die Atemluft durch deine Nase ein- und ausströmen ... ... Und du kannst dir auch vorstellen, dass du in deinen Kopf hinein atmen kannst ... ... So kann sich auch dein Kopf entspannen ... ... Und du gehst schon tiefer in deine Ruhe hinein ... ...Dann atmest du in deinen Oberkörper hinein ... ... Du stellst dir vor, wie die Atemluft den ganzen Oberkörper durchströmt ... ... Und alles entspannt sich ... ... Und du kommst immer tiefer in diesen schönen Zustand der inneren Ruhe und Gelassenheit ... ... Mit jedem Atemzug wird es etwas ruhiger in dir ... ... Nun atmest du in die Beine ... ... Mit tiefen Atemzügen lässt du die Luft bis ganz tief in deine Beine strömen ... ... Du atmest bis zu den Füßen hinunter ... ... Und dann wieder zurück zur Nase und nach draußen ... ... So entspannen sich auch deine Beine und du kommst immer mehr zur Ruhe ... ...

Vertiefung der Trance 2:

Ich zähle nun von Fünf bis Null und wenn ich bei Null angekommen bin, dann bist du bereits in einer sehr tiefen Trance angelangt … ... Fünf … … beobachte deine Atmung und lasse sie ruhig und langsam werden. Immer wenn du ausatmest, sinkst du tiefer in Trance, mit jedem einzelnen Atemzug ein Stück tiefer. Atme ein und aus, ein und aus … *[im Atemrhythmus des Klienten bitte!]* … … Vier … … Lass deine Gedanken kommen und gehen. Lass Sie einfach weiterziehen wie die Wolken am Himmel, und jeder Gedanke, der vorüberzieht, bringt dich tiefer in Trance … …Drei … Konzentriere dich auf meine Stimme und jedes Wort, das ich sage, bringt dich tiefer in Trance. Mit jedem einzelnen Wort, das ich sage, sinkst du tiefer hinab. Jedes Geräusch, das du hörst, zeigt dir nur, wie gleichgültig alles bereits geworden ist … … Zwei … Öffne dein Unterbewusstsein nun ganz weit, ganz, ganz weit öffnet sich nun dein Unterbewusstsein. Es kann alle meine Worte gut aufnehmen und setzt sie optimal für dich um. Ganz weit öffnet sich dein Unterbewusstsein … … Eins … Atme weiter ruhig und gleichmäßig, mit jedem Atemzug sinkst du tiefer hinab, und alle meine Worte bringen dich tiefer und tiefer in Trance. Dein Unterbewusstsein öffnet sich ganz weit und alle meine Worte fließen dort hinein. Und noch ein Schritt, dann bist du ganz tief entspannt, nur noch ein Schritt … … Null … Nun bist du in einer schönen tiefen Trance angekommen, ganz tief entspannt, und in deinem Tempo entspannst du immer weiter und sinkst immer tiefer hinab …

Vertiefung der Trance 3:

Stell dir einmal vor, du schaust in den Himmel und plötzlich fängt es an zu regnen ... ... Heute regnet es Zahlen ... ... und mit jeder neuen Zahl, die du siehst, gehst du eine Stufe tiefer in die innere Ruhe ... ... mit jeder Zahl, die du dir vorstellst, gehst du tiefer und tiefer in Trance ... ...
... ... Du siehst die 10 ... ... überall, wo du hinschaust, regnet die Zahl 10 vom Himmel ... ... überall die Zahl Zehn ... ... Es wir stiller in dir ... ... Dann folgt die Ziffer 9 ... ... Es regnet immer stärker, doch statt Regentropfen rieselt die Ziffer 9 unzählige Male zu Boden ... ... Auch damit gehst du wieder tiefer in die innere Entspannung ... ... Dann folgt die 8 ... ... Ein Regen aus Ziffern, diesmal die 8 ... ... Wo du auch hinsiehst, überall ist die Zahl 8, die für dich eine weitere Stufe der Entspannung anzeigt ... ... Dann regnet es die Ziffer 7 ... ... Der Regen wird immer stärker ... .. überall die Ziffer 7 ... ... dann die Ziffer 6 ... ... überall am Himmel und auch am Boden, wo sie liegen bleibt ... ... Es folgen weitere Ziffern und für dich weitere Stufen der tieferen Entspannung ... ... die 5 ... ... überall die 5 ... ... dann die 4 ... ... Es regnet die Ziffer 4 überall ... ... dann die 3 ... ... Sie bringt dich immer tiefer, vielleicht so tief, dass du kaum noch den inneren Bildern folgen kannst ... ... die 2 ... ... und noch eine wichtige Stufe der Entspannung mit der besonderen Ziffer 1 ... ... Sie regnet so stark, wie keine andere ... ... überall siehst du die Zahl 1 am Himmel ... ... in der Luft ... ... Sie fällt zu Boden und bringt dich ganz tief in Trance ... ... ganz, ganz tief ... ...

Förderung der Veränderungsbereitschaft (Compliance) 1:

In der Ruhe, die nun gefunden hast, stellst du dich ganz darauf ein, dein Leben konstruktiv zu verändern ... ... Du willst abnehmen ... ... mehr noch ... ... willst leichter sein ... ...
Dazu ist ein feines Körpergefühl hilfreich ... ... Jetzt hast du ein gutes Gefühl und bist sensibel für deinen Körper ... ... Wenn du jetzt einmal auf deine Atmung achtest ... ... deine ganze Aufmerksamkeit auf die Atmung richtest, dann kannst du die Bewegung deines Oberkörpers genau spüren ... ... Er hebt und senkt sich mit jedem Atemzug ... ... Lass genau diese Bewegung nun in deiner Wahrnehmung ganz deutlich werden ... ... Je mehr du dich auf deine Atmung konzentrierst, umso deutlicher spürst du die Bewegung deines Körpers ... ...
Konzentriere dich also und fühle deinen Atem ein und aus strömen ... ... Spüre dabei bewussst die Bewegung deines Oberkörpers ... ... Du spürst diesen Rhythmus viel deutlicher als sonst ... ... Du fühlst deinen Körper viel besser und nimmst ihn bewusster wahr ... ... genau jetzt ... ...
Das ist die beste Grundlage für die Veränderung deines Körpers ... ... bewusste Wahrnehmung ... ... so wie jetzt ... ... genau so wie jetzt ... ...

Förderung der Veränderungsbereitschaft (Compliance) 2:

Du willst heute damit anfangen, deinen Körper zu verändern ... ... willst schlanker werden ... ... Du weißt, dass du dazu zuerst deine innere Einstellung verändern musst ... ... Die innere Einstellung, die Grundhaltung, die dir sagt: Ich werde schlank! ist die richtige Voraussetzung, um deinen Körper Schritt für Schritt zu verändern ... ... ihn schlanker werden zu lassen ... ...
Hierzu machst du dir in genau diesem Augenblick klar, dass du deine innere Haltung hierzu schon gefunden hast, denn genau deshalb bist du hier und willst abnehmen ... ... Du kennst die richtige Haltung, die dir sagt: Ich werde schlank! ... ... Du kannst sie noch stärker einnehmen, noch tiefer in diese Haltung gehen, um sie noch besser für dich zu nutzen ... ...
Die Kraft, die du brauchst, um ganz in diese Grundhaltung zu gehen und in ihr zu bleiben, liegt tief in dir ... ... tief in der Ruhe, die du jetzt spürst ... ... Also konzentrierst du dich zuerst auf die innere Ruhe und lässt sie ganz bewusst werden ... ... Je mehr du die innere Ruhe spüren kannst, umso eher wirst du neue Kraft entdecken ... ... Beides hängt direkt zusammen ... ... Du spürst Ruhe und findest dabei Kraft ... ... Konzentriere dich noch einmal auf das Gefühl der Ruhe und öffne somit eine Tür für die neue und intensive Kraft und Stärke tief in dir ... ... genau so ... ...

Förderung der Veränderungsbereitschaft (Compliance) 3:

Du hast ein Ziel ... ... Du willst schlank werden ... ... Das Ziel war nicht immer leicht zu erreichen, doch heute wird es leichter ... ... viel leichter als bisher ... ...
Ruhe ist auch nicht immer leicht zu finden ... ... Doch genau jetzt, in genau diesem Augenblick, fühlst du dich innerlich ruhig und entspannt ... ... und es ist dir ziemlich leicht gefallen, so ruhig und entspannt zu sein, indem du einfach dem Sog der Entspannung gefolgt bist, du hast einfach losgelassen ... ... hast es einfach geschehen lassen ... ... So einfach ist das heute ... ... So einfach ist das in diesem Augenblick ... ...
Wenn Entspannung heute einfach ist, dann ist auch dein Ziel einfacher zu erreichen ... ... Sobald es dir also gelingt, deine Entspannung noch zu vertiefen, gelingt es dir auch, dein Ziel schneller zu erreichen ... ... dich innerlich ganz und gar auf dein Ziel einzustellen ... ...
Entspanne dich also einfach noch tiefer ... ... Du weißt ja, wie das geht ... ... Du hast es ja gerade erst gemacht ... ... Mach es also noch einmal und entspanne dich tiefer ... ... Je tiefer du dich entspannst, umso schneller erreichst du dein Ziel, abzunehmen und schlank zu sein ... ... Entspanne also tiefer ... ...

Hauptteil 1: Dein Magen schließt sich

Klassische Suggestionshypnose

> *Der folgende Hypnosetext gehört zu den klassischen Hypnosen, die im Hauptteil (Anwendungsteil, Therapieteil) vor allem mit direkten Suggestionen arbeiten. Hierbei kommt es auf Formulierungen an, die eine konstruktive Grundhaltung fördern und die innere Ausrichtung auf das Therapieziel bestätigen.*

Ab sofort wirst du deine Essgewohnheiten vollkommen ändern ... ... Du wirst bewusster essen und gesünder für deinen Körper ... ... Das ist die beste Entscheidung, die du treffen konntest, denn du willst jetzt eine schlanke Figur erreichen und halten ... ... Wirklich erstaunlich, wie gut es dir gelingt, diesen Entschluss heute schon umzusetzen ... ... heute den ersten großen Schritt zu gehen ... ...
Du schaffst es, denn es ist dein fester Wille, nun abzunehmen und damit leichter zu sein ... ... viel leichter ... ...
Du änderst also dein Essverhalten ... ... Du wirst dir ausreichend Zeit nehmen für deine Mahlzeit ... ... Du kannst den Anblick der Speisen genießen und erst einmal mit den Augen vorkosten ... ... So lässt du das Essen auf dich wirken ... ... Dann kannst du den Geruch aufnehmen und du spürst, ob du wirklich Appetit auf das hast, was da vor dir steht ... ... Du spürst, ob du tatsächlich Hunger hast ... ... und solltest du bereits satt sein, dann fühlst du auch, dass du satt bist ... ... oder fast satt ... ...
Und immer, wenn du satt bist, lässt du deine Mahlzeit einfach stehen ... ... Immer wenn du satt bist, lässt du deine Mahlzeit einfach stehen ... ... denn du bist ja schon satt ... ...

Du nimmst den Duft der Speisen intensiv auf, und du kannst jeden Bissen genießen ... ... Du kaust dein Essen langsam und lange ... ... langsam und lange ... ... Du lässt dir Zeit ... ... Langsam essen lohnt sich für dich ... ... Langsam essen lohnt sich für dich ... ...

Sobald dein Körper genug aufgenommen hat, gerade soviel wie du brauchst, um dich wohl zu fühlen, dann schließt sich sofort dein Magen ... ... Dein Magen schließt sich sofort ... ... Ist das nicht erstaunlich, dass dich ab sofort dein Körper dabei unterstützt, abzunehmen ... ... schlank zu werden und schlank zu bleiben ... ...

Du lässt dir mit dem Essen Zeit ... ... So nimmst du von Tag zu Tag mehr ab, bis du das für deinen Körper optimale und gesunde Gewicht erreicht hast ... ... Du fühlst dich dabei vollkommen wohl und freust dich, dass dein Unterbewusstsein dich so gut unterstützt ... ...

Und immer, wenn du satt bist, lässt du deine Mahlzeit einfach stehen ... ... Immer wenn du satt bist, lässt du deine Mahlzeit einfach stehen ... ... Dein Magen schließt sich und du lässt das Essen stehen ... ...

Du kannst ganz leicht auf alles verzichten, was dick macht ... ... Süßes und Fettes ist dir gleichgültig ... ...

Du lehnst Süßigkeiten sogar vollkommen ab ... ... Du lehnst Süßigkeiten vollkommen ab ... ...

... ... Dein Körper verlangt ganz von selbst nach dem, was gut und gesund für dich ist und was dich beim Abnehmen unterstützt ... ... Dein Körper weiß, was dich beim Abnehmen unterstützt ... ... Und nur darauf hast du Appetit, nur auf gesunde Nahrungsmittel ... ... Du nimmst von Tag zu Tag und von Woche zu Woche weiter ab ... ... bis du das für dich optimale und gesunde Gewicht hast ... ... Du wirst schlanker und fühlst dich wohler ... ... Du wirst schlanker und fühlst dich viel wohler ... ...

Und immer, wenn du satt bist, lässt du deine Mahlzeit einfach stehen. Immer wenn du satt bist, lässt du deine Mahlzeit einfach stehen ... ...

Dein Puls schlägt dabei normal, dein Kreislauf ist stabil und dein Körper funktioniert optimal ... ... Dein Unterbewusstsein stellt alles so für dich ein, dass dein Stoffwechsel und all deine Körperfunktionen perfekt funktionieren ... ... Du wirst schlank und gesund ... ... schlank und gesund ... ...
Du bist absolut konsequent. Süßes ist dir gleichgültig ... ... Du lehnst Süßigkeiten ab ... ... Du lehnst Süßigkeiten vollkommen ab ... ... Du lehnst Süßigkeiten vollkommen ab ... ... Alles, was unnötig dick macht, lässt du ganz einfach stehen ... ... Darin bist du vollkommen konsequent, vollkommen konsequent ... ... Du spürst nun, wie sich die Wirkung meiner Worte in deinem gesamten Körper ausbreitet. Dein Unterbewusstsein stellt nun alles optimal ein. Es informiert jede einzelne Zelle deines Körpers ... ... Jede Zelle deines Körpers weiß nun, dass du Süßigkeiten ablehnst ... ... jede Zelle deines Körpers weiß, dass du fette Speisen ablehnst, jede Zelle weiß, dass du dich nur noch gesund ernährst ... ...
Und immer, wenn du satt bist, lässt du deine Mahlzeit einfach stehen. Immer wenn du satt bist, lässt du deine Mahlzeit einfach stehen ... ...
Du lässt dir mit dem Essen Zeit ... ... So nimmst du von Tag zu Tag mehr ab, bis du das für deinen Körper optimale und gesunde Gewicht erreicht hast ... ... Du fühlst dich dabei vollkommen wohl und freust dich, dass dein Unterbewusstsein dich so gut unterstützt ... ...
Sobald dein Körper genug aufgenommen hat, gerade soviel wie du brauchst, um dich wohl zu fühlen, dann schließt sich sofort dein Magen ... ... Dein Magen schließt sich sofort ... ... Ist das nicht erstaunlich, dass dich ab sofort dein Körper dabei unterstützt, abzunehmen ... ... schlank zu werden und schlank zu bleiben ... ...

Festigung (Posthypnotischer Auftrag)

All diese Worte sind ganz tief in deinem Unterbewusstsein verankert ... ... Alles geht so in Erfüllung, wie ich es dir gesagt habe ... ... Dein Unterbewusstsein wird die heutige Nacht nutzen, um alle meine Worte noch viel tiefer zu verankern ... ... so als träumtest du einen Traum davon, weniger zu essen und dabei immer schlanker zu werden ... ...

... ... Ganz, ganz tief verankert ist dein Wille abzunehmen ... ... Du fühlst dich dabei von Tag zu Tag besser und gesünder, schlanker und fitter ... ... schlanker und fitter ... ... Bis du das für dich optimale und gesunde Gewicht erreicht hast ... ... Und jeden Morgen, wenn du in den Spiegel schaust, stellt sich dein Körper vollkommen darauf ein, schnell satt zu werden ... ...

Hauptteil 2: Ein verändertes Essverhalten

Klassische Suggestionshypnose

> *Der folgende Hypnosetext gehört zu den klassischen Hypnosen, die im Hauptteil (Anwendungsteil, Therapieteil) vor allem mit direkten Suggestionen arbeiten. Hierbei kommt es auf Formulierungen an, die eine konstruktive Grundhaltung fördern und die innere Ausrichtung auf das Therapieziel bestätigen.*

Du hast entschieden, deine Essgewohnheiten heute zu ändern ... ... Du bist fest entschlossen, bewusster zu essen und deinem Körper etwas Gutes zu tun ... ... Das ist die einzige Entscheidung, die du treffen konntest, denn nur so kannst du dein Ziel auch wirklich erreichen, schlank zu werden und schlank zu bleiben ... ... Wirklich beachtlich, wie gut es dir gelingt, diesen Entschluss aufrecht zu halten, jetzt einen neuen Weg zu gehen ... ... heute den entscheidenden Schritt in eine schlanke und gesunde Zukunft zu gehen ... ... Du schaffst es, denn es ist dein eigener Wille, abzunehmen und damit leichter zu sein ... ... viel leichter ... ...

Du änderst also dein Essverhalten ... ... Du entscheidest, langsam zu essen ... ... ganz langsam ... ... und jeden Bissen ganz ausführlich zu genießen ... ...Du nimmst dir Zeit für deine Mahlzeiten ... ... Du schließt am Tisch zuerst die Augen und nimmst den Geruch des Essens ganz intensiv auf ... ... So lässt du das Essen mit geschlossenen Augen auf dich wirken ... ... Dann kannst du den Geruch aufnehmen und du spürst, ob du wirklich Appetit auf das hast, was da vor dir steht ... ... Du spürst, ob du tatsächlich Hunger hast ... ... und solltest du bereits satt sein, dann fühlst du auch, dass du satt bist ... ... oder fast satt ...

... Du machst dir in jedem Augenblick klar, wie viel du wirklich und tatsächlich zu dir nehmen willst ... ... Und immer, wenn du satt bist, lässt du deine Mahlzeit einfach stehen ... ... Immer wenn du satt bist, lässt du deine Mahlzeit einfach stehen ... ... denn du bist ja schon satt ... ... dann brauchst du kein Essen ... ... Du fühlst dich auch ohne Essen wohl ... ...

Du nimmst den Duft der Speisen intensiv auf, und du kannst jeden Bissen genießen ... ... Du kaust dein Essen langsam und lange ... ... langsam und lange ... ... Du lässt dir Zeit ... ... Langsam essen lohnt sich für dich ... ... Langsam essen lohnt sich für dich ... ... Langsam Essen bedeutet Genuss für dich ... ... und das bist du: ein Genießer ... ...

Sobald dein Körper genug aufgenommen hat, gerade soviel wie du brauchst, um dich wohl zu fühlen, dann hörst du sofort auf zu essen ... ... Du fühlst sofort, dass du satt bist ... ... Ist das nicht erstaunlich, dass dich ab sofort dein Körper dabei unterstützt, abzunehmen ... ... schlank zu werden und schlank zu bleiben ... ... Und ist es nicht ebenso beachtlich, dass dir dein Körper tatsächlich ganz deutlich signalisieren kann, dass du bereits satt bist ... ...

Du lässt dir mit dem Essen Zeit ... ... Du genießt jede Mahlzeit ... ... weil du langsam und mit Genuss isst ... ... So nimmst du von Tag zu Tag mehr ab, bis du das für deinen Körper optimale und gesunde Gewicht erreicht hast ... ... Du fühlst dich dabei vollkommen wohl und freust dich, dass dein Unterbewusstsein dich so gut unterstützt ... ...

Sobald dein Körper genug aufgenommen hat, gerade soviel wie du brauchst, um dich wohl zu fühlen, dann hörst du sofort auf zu essen ... ... Du fühlst sofort, dass du satt bist ... ... Ist das nicht erstaunlich, dass dich ab sofort dein Körper dabei unterstützt, abzunehmen ... ... schlank zu werden und schlank zu bleiben ... ... Und ist es nicht ebenso beachtlich, dass dir dein Körper tatsächlich ganz deutlich signalisieren kann, dass du bereits satt bist ... ...

... ... Dein Körper verlangt ganz von selbst nach dem, was gut und gesund für dich ist und was dich beim Abnehmen unterstützt ... ... Dein Körper weiß, was dich beim Abnehmen unterstützt ... ... Und nur darauf hast du Appetit, nur auf gesunde Nahrungsmittel ... ... Du nimmst von Tag zu Tag und von Woche zu Woche weiter ab ... ... bis du das für dich optimale und gesunde Gewicht hast ... ... Du wirst schlanker und fühlst dich wohler ... ... Du wirst schlanker und fühlst dich viel wohler ... ...

Sobald dein Körper genug aufgenommen hat, gerade soviel wie du brauchst, um dich wohl zu fühlen, dann hörst du sofort auf zu essen ... ... Du fühlst sofort, dass du satt bist ... ... Ist das nicht erstaunlich, dass dich ab sofort dein Körper dabei unterstützt, abzunehmen ... ... schlank zu werden und schlank zu bleiben ... ... Und ist es nicht ebenso beachtlich, dass dir dein Körper tatsächlich ganz deutlich signalisieren kann, dass du bereits satt bist ... ...

Du bist absolut konsequent. Süßes ist dir gleichgültig ... ... Du lehnst Süßigkeiten ab ... ... Du lehnst Süßigkeiten vollkommen ab ... ... Du lehnst Süßigkeiten vollkommen ab ... ... Sobald du auch nur an Süßigkeiten denkst, spürst du das Verlangen nach frischem Obst und nach Gemüse ... ... Alles, was unnötig dick macht, lässt du ganz einfach stehen ... ... Darin bist du vollkommen konsequent, vollkommen konsequent ... ... Du spürst nun, wie sich die Wirkung deiner eigenen Entscheidung in deinem gesamten Körper ausbreitet. Du stellst dich vollkommen darauf ein, jetzt wieder zu spüren, dass du satt bist, sobald das der Fall ist ... ... Du stellst dich vollkommen darauf ein, jetzt wieder Obst und Gemüse zu essen ... ... Du stellst dich vollkommen darauf ein, Süßigkeiten abzulehnen ... ...

Sobald dein Körper genug aufgenommen hat, gerade soviel wie du brauchst, um dich wohl zu fühlen, dann hörst du sofort auf zu essen ... ... Du fühlst sofort, dass du satt bist ... ... Ist das nicht erstaunlich, dass dich ab sofort dein Körper dabei unterstützt, abzunehmen ... ... schlank zu werden und schlank zu bleiben ... ... Und ist es nicht ebenso beachtlich, dass dir dein Körper tatsächlich ganz deutlich signalisieren kann, dass du bereits satt bist ... ...

Festigung (Posthypnotischer Auftrag)

Dein Unterbewusstsein stellt sich ganz auf dein neues Ernährungsprogramm ein ... ... Du kannst dich darauf verlassen, dass dein Unterbewusstsein dir hilft ... ... Sobald du dich hinsetzt, um zu essen, erinnerst du dich sofort daran, dass du nur genau so viel essen wirst, wie du tatsächlich brauchst ... ... Sobald du dich zum Essen hinsetzt, stellt sich dein Körper ganz darauf ein, dich sofort zu informieren, sobald du satt bist ... ... Und du wirst sofort auf dieses Signal hören und das Essen beenden ... ...

Hauptteil 3: Ich bin satt (Variante 1)

Ankertechnik

Die folgende Hypnosesitzung arbeitet mit einem körperlichen Anker. Als Anker bezeichnet man einen Auslöser, der ein bestimmtes Gefühl herstellen oder einen bestimmten Gedanken wecken soll. Wir wollen dem Klienten helfen, mit einem leichten Druck auf die linke Hand (auf den Ballen unterhalb des Daumens) das Gefühl der Sättigung zu produzieren. Wir besprechen das vor der Sitzung mit dem Klienten und zeigen ihm die Stelle, auf die er drücken soll. Während der Hypnosesitzung richten wir den Anker dann ein. Es kommt darauf an, im Zustand der Ruhe das Drücken auf den Daumenballen mit dem schon vorherrschenden Gefühl der Sättigung zu verbinden. Der Klient soll unbedingt subjektiv richtig satt sein während dieser Sitzung. Das muss absolut sicher gegeben sein, lieber wird die Hypnose mit einem wirklich vollen Bauch gemacht, als mit einem leichten Hungergefühl, sonst funktioniert sie nicht.

Du willst abnehmen ... ... Dieses Ziel steht fest, und du hast dafür schon einiges getan ... ... Heute kannst du einen großen und ganz entscheidenden Schritt gehen ... ... Du kannst heute dein Unterbewusstsein darauf einstellen, schneller satt zu werden ... ... Du kannst auch deinen Körper darauf einstellen, schneller satt zu werden ... ... Beides hängt direkt zusammen ... ... Sobald dein Körper sich satt fühlt, kann er dein Unterbewusstsein informieren, dass du aufhören sollst zu essen ... ... dass du auch in deinen Gedanken und in deinem Gefühl die Sättigung deutlich spürst ... ... Auch dein Unterbewusstsein kann entscheiden, dass du satt bist und deinen Körper informieren, dass er das Sättigungssignal deutlich an dich sendet ... ...

.. ... Wir arbeiten heute mit einem Anker, darüber haben wir schon gesprochen ... ... Diesen Anker trägst du schon an deinem Körper ... ... deine linke Hand ist der Anker, der von der rechten Hand ausgelöst wird ... ... Doch dazu kommen wir etwas später ... ... Damit du den Anker zu einhundert Prozent nutzen kannst, findest du jetzt schon die beste Haltung, um ihn auszulösen ... ... Greife mit deiner rechten Hand zur linken und taste mit deinen Fingern nach dem Handballen ... ... ganz leicht nur ... ... ganz sanft ... ... Entscheide, ob du lieber mit Daumen und Zeigefinger greifen willst oder mit dem Daumen und dem Mittelfinger ... ... vielleicht hast du sogar eine andere Variante ... ... Mach es so, wie du deinen Handballen am besten packen kannst ... ... *[Abwarten bis der Klient einen guten Griff gefunden hat; noch einmal auffordern, falls er nicht gleich „mitmacht"]* ... ... Wunderbar ... ... So gelingt es am besten ... ... sehr gut ... ... Und nun lass deine Hand wieder los und lege beide Hände locker neben deinen Körper ... ...

... ... Jetzt ist es an der Zeit, eine ganz tiefe Entspannung zu finden ... ... tiefer als jemals vorher ... ... Du gehst immer tiefer in dich hinein ... ... so als könntest du in dir selbst versinken ... ... Du lässt alle Gedanken los ... ... und du achtest ganz genau auf dein Körpergefühl ... ... Du spürst, wie satt du in diesem Augenblick bist ... ... Du bist wirklich richtig satt ... ... Ist es nicht beachtlich, wie leicht es dir gelingt, dieses Gefühl so deutlich zu spüren? ... ... Sobald du einen Entschluss gefasst hast, kannst du handeln ... ... Du machst dir in diesem Augenblick vollkommen klar, dass du längst einen Entschluss gefasst hast ... ... Du hast entschieden, weniger zu essen, um abzunehmen ... ... für deine Gesundheit einzutreten ... ... gut für dich zu sorgen ... ... Also brauchst du nicht mehr als eine einzige Sekunde, um nach deinem Ent-

schluss zu handeln ... ... Du tust ab sofort einfach das, was erforderlich ist, um Wahrheit aus deinem Entschluss zu machen ... ... um zu spüren, dass du bereits satt bist ... ... genau so wie jetzt ... ... Jetzt, in genau diesem Augenblick kannst du spüren, dass du satt bist ... ...
Du spürst den tiefen Wunsch in dir, immer wieder dieses Gefühl zu spüren, sobald du eine normale Portion gegessen hast ... ... Du stellst dir vor, dass du morgens und abends nur eine Scheibe Brot mit etwas Wurst oder Käse isst oder mit einem Belag, der dir besonders gut schmeckt, und genau so satt bist wie jetzt... ... Du stellst dir vor, dass du mittags oder zu deiner Hauptmahlzeit nur einen normal gefüllten Teller isst und genau so satt bist wie jetzt ... ...

Festigung (Posthypnotischer Auftrag)

... ... Du hast entschieden, also kannst du handeln ... ... In dem Wort ‚handeln' steckt das Wort ‚Hand' ... ... Nun kannst du tatsächlich handeln ... ... Greif nach deiner linken Hand ... ... Mach es jetzt so, wie du es geübt hast ... ... Ergreife deine linke Hand und konzentriere dich auf dein inneres Gefühl des Sattseins... ... Wenn du denkst, dass das Gefühl der Sättigung noch deutlicher werden sollte, dann lass es einfach noch deutlicher und klarer werden in deinem Gefühl ... ... noch intensiver ... ... mit noch mehr Achtsamkeit und Fürsorge für dich selbst ... ... genau so ... ... genau so ... ... Du kannst es ... ...
... ... Und nun lass dieses Gefühl ganz bewusst werden ... ... und drücke nun den Ballen der linken Hand ... ... und noch einmal ... ... drücken ... ... Dein Inneres stellt sich darauf ein, dass genau dieses Drücken des Handballens das Signal ist, unverzüglich zu spüren, dass du tatsächlich satt bist ... ... Immer, wenn du deinen Handballen drückst, fühlst du dich satt spürst das Bedürfnis, achtsam mit dir selbst umzugehen ... ... dich selbst ernst zu nehmen ... ... dir wichtig zu sein ... ... Dein Körper ist entspannt und auch

deine Hände sind vollkommen ruhig ... ... Dein Körper hat verstanden, wie dein Anker funktioniert ... ... Er hat es für dich bereits gespeichert, sodass du ihn immer wieder nutzen kannst ... ...

... ... Immer, wenn du deinen Handballen drückst, bist du richtig satt und spürst das Bedürfnis, achtsam mit dir selbst umzugehen ... ... dich selbst ernst zu nehmen ... ... dir wichtig zu sein ... ... So wird es für dich schon bald zur Selbstverständlichkeit, immer wieder deinen Handballen zu drücken oder ihn zu massieren, das funktioniert genau so ... ... ganz genau so wie jetzt ... ... Du hast entschieden ... ... Du hast gehandelt ... ...

Hauptteil 4: ich bin satt (Variante 2)

Ankertechnik

Die folgende Hypnosesitzung arbeitet mit einem olfaktorischen Anker (Geruchsanker). Als Anker bezeichnet man einen Auslöser, der ein bestimmtes Gefühl herstellen oder einen bestimmten Gedanken wecken soll. Wir wollen dem Klienten helfen, mit Hilfe eines speziellen Geruchs das natürliche Sättigungssignal seines Körpers zu verstärken. Wir besprechen das vor der Sitzung mit dem Klienten und halten ein Fläschchen mit einem Duft bereit. Das kann ein Riechöl oder ein Aromaspray sein, das der Klient aber erst in Trance riechen soll. Während der Hypnosesitzung richten wir den Anker dann ein, indem wir den Geruch präsentieren und ihn suggestiv mit einer Assoziation verbinden. Der Geruch selbst sollte nicht zu aufdringlich sein, muss aber vom Klienten nicht als besonders angenehm empfunden werden. Es kommt auf die suggestive Verknüpfung an. Allerdings sollte er auch nicht als abstoßend erlebt werden. Bei milden Aromaölen sollte das kaum der Fall sein. Der Klient soll unbedingt subjektiv richtig satt sein während dieser Sitzung. Das muss absolut sicher gegeben sein, lieber wird die Hypnose mit einem wirklich vollen Bauch gemacht, als mit einem leichten Hungergefühl, sonst funktioniert sie nicht.

Abnehmen ist dein Ziel ... ... Du hast dir ganz fest vorgenommen, nun endlich schlank zu werden und schlank zu bleiben ... ... nur soviel zu essen, wie du brauchst, um satt zu sein ... ... und satt sein kannst du viel schneller und viel nachhaltiger als du bisher dachtest ... ... und für dich ist es die beste Entscheidung, die du treffen konntest, jetzt weniger zu essen und dennoch satt zu sein ... ...

... ... Schon lange hattest du den Wunsch, weniger zu essen ... ... nur dreimal am Tag zu essen ... ... weniger zu essen und satt zu sein ... ... Nun soll es endlich Wahrheit werden und Wahrheit bleiben ... ... Du erledigst das heute ... ... Wir arbeiten heute mit einem Anker, darüber haben wir schon gesprochen ... ... Vielleicht fragst du dich ja schon, wie schnell dieser Anker wirken wird ... ... wie rasch es gehen mag, dass der Geruch, den du bald kennen lernst, dir beim Abnehmen hilft ... ... Es wird dich möglicherweise überraschen, wie gut dieser Anker wirkt ... ... wie schnell du tatsächlich Sättigung spürst, wenn du den Geruch wahrnimmst ... ...

... ... Heute ist der erste Tag in deinem neuen Leben ... ... in einem Leben, in dem es dir gelingt, bereits nach einer normalen Portion satt zu sein ... ... Das Gute besteht darin, dass es viel leichter ist als du früher dachtest ... ... Selbst zwischen den Mahlzeiten, kannst du dafür sorgen, dich einfach satt zu fühlen ... ... Vielleicht fragst du dich, wie es dir am schnellsten und am besten gelingt, sofort satt zu werden und dich wohl zu fühlen nach einer kleinen Portion des Essens ... ...

... ... Es ist einfacher als du dachtest ... ... Du spürst jetzt das Gefühl des Sattseins ... ... Du bist jetzt satt und wenn du denkst, dieses Gefühl sollte noch deutlicher werden, dann konzentriere dich einfach noch intensiver auf dieses schöne und angenehme Gefühl ... ... Entspanne dich noch tiefer und spüre, wie satt du jetzt bist ... ...

Atme tief ein und spüre, wie dein Brustkorb sich weitet ... ... So gut fühlt sich innere Freiheit an ... ... So gut fühlt sich Sattsein an ... ... genau so satt und zufrieden wie jetzt ... ... genau so satt und zufrieden wie jetzt ... ... Und wenn du willst, spürst du noch deutlicher, dass du so richtig satt bist ... ... Genau dieses Gefühl brauchst du zwischen den Mahlzeiten ... ... Genau dieses Gefühl brauchst du nach einer kleinen Portion des Essens ... ... Genau dieses Gefühl brauchst du jeden Tag ... ...

… … Du kannst es absichern … … Du kannst dafür sorgen, dass dir das auch ein deinem wachen Alltag gelingt … … so wie jetzt … … jeden Tag genau so wie jetzt … … Es ist ganz einfach … … Du kannst jeden Tag in dieses Gefühl gehen und dich dann wohl fühlen … … Du selbst kannst jeden Tag entscheiden, wann du satt sein willst … …

… … *[Das Fläschchen mit dem Aroma öffnen und zur Nase des Klienten hin bewegen; dort halten]* … …

Atme nun ganz tief ein und nimm den Geruch, den du wahrnimmst, ganz bewusst wahr … … ein angenehmer Geruch … … gleichzeitig spürst du ganz deutlich, dass du tatsächlich satt bist … … Dein gutes Gefühl und dieser Geruch, den du wahrnimmst, verbinden sich nun miteinander … … Sie gehören zusammen … … Dieser Geruch und Sattsein gehören ganz eng zusammen … … Dieser Geruch bedeutet: Ja, ich bin satt! … … Ja, ich bin satt! … …
… … Und immer, wenn du diesen Geruch riechst, fühlst du dich satt … … Immer, wenn du genau diesen Geruch wahrnimmst, spürst du ganz deutlich, dass du satt bist … … Selbst dann, wenn du nur an den Geruch denkst, kannst du schon spüren, dass du satt wirst … … Dein Unterbewusstsein prägt sich diesen Geruch ein und verbindet ihn mit Sattsein … …

… … *[Das Fläschchen nun wegnehmen und verschließen]* … …

… … Atme ruhig weiter und genieße die Ruhe … … Schenke dir selbst nun Achtsamkeit und Aufmerksamkeit und vertraue deinem Unterbewusstsein, dass dich dabei unterstützt, immer wieder ganz schnell in diesen Zustand zu gelangen, indem du einfach an dem Fläschchen mit dem Duft riechst, den ich dir gerade präsentiert habe … …

Festigung (Posthypnotischer Auftrag)

Du kannst es sogar testen ... ... Sobald du den Geruch wahrnimmst, spürst du wie du satt wirst ... ... Es ist so, als würdest du eine kleine Zwischenmahlzeit essen ... ... Diesen Duft aufnehmen bedeutet, satt zu werden ... ...

> ... ... *[Fläschchen noch einmal öffnen und an die Nase des Klienten halten, sodass er den Geruch deutlich wahrnehmen kann; kurz dort halten und wieder verschließen]* ... ...

... ... Das fühlt sich gut an ... ... sehr, sehr gut ... ... Dein Inneres prägt sich ganz fest ein, dass bereits der Griff nach dem Fläschchen mit deinem persönlichen Sättigungsduft in deinem Körper das Signal auslöst: Ja, ich bin satt! ... ... Ja, ich bin satt! ... ...

Hauptteil 5: Zeitreise

Kreative Assoziation

> *Der folgende Hypnosetext arbeitet im Hauptteil (Anwendungsteil, Therapieteil) mit kreativer Assoziation. Das bedeutet, dass eine Szene oder ein Bild ausgewählt wird, das als Symbol für die zu behandelnde Thematik verstanden wird und so als Stellvertreter für das Problem steht. Die Veränderung und Neuausrichtung der Szene oder des Bildes führt dann in einem zweiten Schritt zur Veränderung der Problemsicht und Öffnung für neue Wege. Hier sind Suggestionsregeln weniger von Bedeutung als Vorstellungskraft und innere Kreativität des Klienten. Die Bilder werden daher teilweise mit vielen Details angeboten, andererseits auch vieles bewusst offen gelassen. Es handelt sich bei dieser Vorgehensweise um eine kooperative Art der Hypnose, die auf innere Selbstentfaltung im Zustand der Trance vertraut und daher viel weniger führt als eine Suggestionshypnose.*

Du hast erkannt, dass es an der Zeit ist, dein Essverhalten zu überdenken und es dann zu ändern ... ... Du hast in der vergangenen Zeit zu viel gegessen ... ... Du hast jetzt beschlossen, Gewicht abzubauen ... Du hast beschlossen, schlank zu werden und dann schlank zu bleiben ... ... Du willst dein Essverhalten ändern ... ... Hierzu stellst du dich auf eine Reise in die Vergangenheit ein ... ... Du willst herausfinden, warum du so viel gegessen hast all die Jahre ... ... Die heutige Reise kann dir zeigen, wie es einst dazu gekommen war ... ... Gleichzeitig findest du heute einen neuen Weg, denn Vergangenheit ist vergangen ... ... Du kannst sie heute abschließen ... ...

... ... Du stellst dich in Gedanken vor einen Spiegel und schaust dich an ... ... Betrachte dich zuerst einmal und schätze ein, was du an deinem Äußeren ändern willst ... ... Nimm dir Zeit und betrachte dich in aller Ruhe ... ... Lass deine eigene Figur auf dich wirken ... ... Betrachte auch deine Körperhaltung ... ... Entscheide, was du ändern willst ... ... Wie soll deine Figur aussehen? ... ... Wie soll deine Körperhaltung sein? ... ... Nimm dir einen Augenblick Zeit und stell dir vor, wie du aussehen willst ... ...

... ... *[eine gefühlte Minute Pause einlegen, dann weiter machen]* ... ...

... ... Nun soll deine Reise beginnen ... ... deine Reise in die Vergangenheit ... ... Ganz langsam läuft die Zeit rückwärts ... ... Du betrachtest dich im Spiegel und siehst, wie du allmählich jünger wirst ... ... Dabei verändert sich dein Äußeres ... ...

... ... Du wirst jünger, denn du gehst in der Zeit zurück ... ... Du willst die Zeit finden, als du noch normal gegessen hast ... ... Du willst die Zeit finden, als du noch ein normales Gewicht hattest ... ... Mit der Zeit wirst du dann tatsächlich auch dünner im Spiegel ... ... Vielleicht wirst du auch kleiner, weil du schon in der Kindheit angefangen hast, zu viel zu essen und dick zu werden ... ... Du näherst dich der Zeit immer mehr ... ... Du kommst immer näher zum Ursprung deines Essverhaltens ... ... Du gehst sogar noch etwas weiter zurück, in eine Zeit, als du noch schlank warst, als du noch normal gegessen hast ... ... Schließlich kommst du in der Zeit an, als du noch normal gegessen hast ... ... Du bist jetzt in dieser Zeit und schaust dich um ... ...

... ... *[eine gefühlte Minute Pause einlegen, dann weiter machen]* ... ...

… … Schau dich um und betrachte, wo du da bist … … Manches ist anders als heute … … Du fühlst dich in dieser früheren Zeit viel freier und wohler … … Du hast ein ganz anderes Körpergefühl und eine ganz andere Stimmung in dir … … Tauche ganz tief in dieses gute Gefühl ein und lass es für dich wirken … … So hast du dich einst gefühlt und so war es gut … … Lass dieses gute Gefühl noch einmal ganz intensiv werden … … So frei hast du dich einst gefühlt … … ganz unbeschwert … …ganz leicht … … und du warst schlank … … innerlich leicht und äußerlich leicht … … Tauche ganz ein in dieses gute Gefühl … … Lass das Gefühl, schlank zu sein und leicht, ganz deutlich werden … … noch deutlicher … …
… … Dieses Gefühl hilft dir, wieder so schlank zu werden wie damals … …genau so frei wie damals … … genau so leicht … …
Du verankerst das gute Gefühl ganz tief in dir … … Du prägst es dir ganz fest ein und hältst es innerlich fest … … Du nimmst es mit auf deine Reise durch die Zeit … … Du nimmst das gute Gefühl von damals mit und kannst es immer bei dir tragen … …
… … Dann läuft die Zeit wieder langsam nach vorne und du kommst in die Zeit, als sich etwas geändert hatte … … Du kommst in der Zeit an, in der du angefangen hast, zu viel zu essen … … Du schaust dich auch hier um … … Du hast das gute Gefühl aus der Zeit davor mitgenommen … … Du fühlst dich also auch jetzt wohl und zufrieden … … Wie ein Beobachter in dieser vergangenen Zeit kannst du dir in aller Ruhe ein Bild davon machen, wie es einst war … … Du erkennst, warum du mit dem vielen Essen angefangen hattest … … Gleichzeitig fühlst du, dass du das längst nicht mehr brauchst … … Damals musste es so kommen, doch heute nicht … … Mit dem guten Gefühl der früheren schlanken Zeit im Gepäck kannst du jetzt ruhig und gelassen bleiben … … Du kannst dich jetzt von der Idee des vielen Essens verabschieden … … Sie gehört in diese längst vergessene Zeit … …

... ... Es ist, als wolltest du einen alten Freund verabschieden ... ... Es kann auch schwer sein, doch es geht, weil du die Kraft der schlanken Zeit tief in dir trägst ... ... und weil du weißt, dass die Idee des vielen Essens aus der Vergangenheit kommt und heute nicht mehr gebraucht wird ... ... Du lässt die Idee des vielen Essens also genau dort zurück ... ... Sie bleibt in der Vergangenheit, wo sie hingehört ... ... Du aber lässt die Zeit weiter nach vorne laufen und näherst dich Schritt für Schritt wieder deiner heutigen Gegenwart ... ... Mit guter Laune im Gepäck näherst du dich langsam dem heutigen Tag ... ... Die Idee des vielen Essens bleibt in der Vergangenheit ... ... Dort gehört sie hin ... ...

Festigung (Posthypnotischer Auftrag)

... ... Du siehst dein Spiegelbild ... ... Du siehst, wie du wieder älter wirst und in der heutigen Gegenwart ankommst ... ... Doch dein Spiegelbild ist schlank ... ... Du bist innerlich leicht geworden und daher siehst du auch dein schlankes Spiegelbild ... ... Je mehr du darüber nachdenkst, dass die Idee des vielen Essens der Vergangenheit angehört, umso schlanker wird dein Bild ... ... Du spürst, dass du satt bist und viel weniger Essen benötigst als früher ... ...

... ... Du stellst dich innerlich darauf ein, weniger zu essen, denn du brauchst das viele Essen ja gar nicht mehr ... ... Du schärfst dein Gefühl dafür, wann du wirklich Hunger hast ... ... Jedes Gefühl von Appetit überprüfst du zuerst einmal ... ... Du überlegst, ob es aus den vergangenen Bedürfnissen kommt und schickst es dann in die Vergangenheit ... ... Dein Gefühl für die Gegenwart wird immer stärker und du kannst erkennen, wann du wirklich Hunger hast ... ...

Hauptteil 6: Luftballons

Kreative Assoziation

Der folgende Hypnosetext arbeitet im Hauptteil (Anwendungsteil, Therapieteil) mit kreativer Assoziation. Das bedeutet, dass eine Szene oder ein Bild ausgewählt wird, das als Symbol für die zu behandelnde Thematik verstanden wird und so als Stellvertreter für das Problem steht. Die Veränderung und Neuausrichtung der Szene oder des Bildes führt dann in einem zweiten Schritt zur Veränderung der Problemsicht und Öffnung für neue Wege. Hier sind Suggestionsregeln weniger von Bedeutung als Vorstellungskraft und innere Kreativität des Klienten. Die Bilder werden daher teilweise mit vielen Details angeboten, andererseits auch vieles bewusst offen gelassen. Es handelt sich bei dieser Vorgehensweise um eine kooperative Art der Hypnose, die auf innere Selbstentfaltung im Zustand der Trance vertraut und daher viel weniger führt als eine Suggestionshypnose.

Du kannst heute Antworten auf eine Frage finden, die dir besonders am Herzen liegt ... ... Schon oft hast du dir diese Frage gestellt: Warum ist es soweit gekommen, dass ich so dick wurde? ... ... Viele gründe sind dir vielleicht schon dafür eingefallen ... ... so manche Antwort hast du möglicherweise schon gefunden ... ... Doch dann war da immer auch das Gefühl, dass noch etwas fehlt ... ... etwas, dass du noch sehen und verstehen solltest ... ... damit du dich dann ganz von diesem alten Denkmuster befreien kannst ... ... damit du dich ab heute noch mehr und noch viel intensiver darauf einstellen kannst, so zu essen, dass du schlank wirst und auch schlank bleibst ... ... Du hast dir fest vorgenommen, diese Antworten zu finden und heute zu erkennen, was dich dazu gebracht hat, so viel zu essen, dass du so dick wurdest ... ... Du findest heute auch die Funktion, die das Dicksein für dich hatte ... ... denn irgendwo gibt es auch eine positive Funktion, die du aber nicht mehr brauchst ... ...

... ... Du stellst dich also ganz auf eine tiefe Entspannung ein ... ... Du fühlst die Ruhe und die Entspannung in diesem Moment, und sie kann noch tiefer gehen ... ... Folge deiner Atmung mit Achtsamkeit und spüre den Rhythmus deines Atems ... ...

Stell dir einen schönen und ganz angenehmen Platz vor ... ... einen Platz, an dem du dich sehr wohl fühlen kannst ... ... vielleicht gibt es so einen Lieblingsplatz tatsächlich, weil du schon oft da warst ... ... oder es gibt einen solchen Platz in deiner Fantasie ... ... irgendwo in der Natur oder auch am Meer ... ... möglicherweise auch einfach umgeben von Licht und Wärme ... ... als innerer Platz in einem schönen Gefühl ... ...

... ... Dann kannst du dir vorstellen, dass deine eigenen Erinnerungen und Gefühle wie Luftballons sind, die langsam nach oben steigen ... ... langsam in den Himmel schweben, als seien sie mit Gas gefüllt ... ... Ballons deiner eigenen Gefühle ... ...

Zuerst steigen einige Ballons auf, die die Belastungen der letzten Woche in sich tragen ... ... Jetzt aber sind die Ballons leicht und steigen in den Himmel ... ... federleicht ... ... Die Ballons nehmen all deine Belastungen mit ... ... so kann es noch ruhiger in dir werden und noch viel leichter ... ... So kannst du die Belastungen und den Stress der vergangenen Woche jetzt einfach loslassen ... ... Die Luftballons befreien dich davon und steigen ganz leicht in den Himmel ... ... Du kannst ihnen hinterher schauen ... ... Du kannst dabei zusehen, wie deine Belastungen weichen ... ... gleichzeitig spürst du die innere Erleichterung und fühlst dich leichter ... ... leichter im Inneren ... ... leichter in deinen Gefühlen ... ... Je leichter du dich innerlich fühlst, umso leichter kann auch dein Körper werden ... ... Das ist also ein wichtiger Schritt

... ... Schau den Ballons hinterher ... ... Je deutlicher du dir die Ballons vorstellst, umso mehr Belastung löst sich tatsächlich auf ... ... Schau einfach hinterher ... ... genau so ... ... So ist es richtig ... ...
... ... Dann steigt langsam ein großer, ganz dicker Ballon auf ... ... Es ist ein ganz besonderer Luftballon, der da empor steigt ... ... Er weiß, warum du dieses Übergewicht angehäuft hattest ... ... Dieser Luftballon weiß, welche besondere Funktion das Übergewicht hatte ... ... damals als es losging ... ... und vielleicht gibt es heute noch einen Rest dieser Funktion ... ... Der Ballon steigt vor deinem inneren Auge auf und du kannst auf seiner Hülle ein Wort lesen, dass dir zeigt, wozu dein Übergewicht da war ... ... Sieh hin und beobachte den Ballon ... ... Du kannst das Wort erkennen ....
... ... Vielleicht steht da *Schutz*, weil deine Körperfülle eine Art Schutzpanzer sein sollte ... ... Vielleicht steht da auch *Distanz*, weil du andere Menschen von dir fern halten wolltest oder sogar musstest ... ... vielleicht ganz bestimmte Menschen oder auch *einen* ganz bestimmten ... ... Vielleicht aber steht auch ein ganz anderes Wort auf deinem Ballon ... ... Lass es immer deutlicher werden, was auch immer du auf deinem Ballon erkennen kannst ... ... Er zeigt dir, wozu dein Übergewicht da war ... ... Lass das Wort einfach auf dich wirken ... ...

... ... *[eine gefühlte Minute Pause einlegen, dann weiter machen]* ... ...

... ... Lass den Ballon immer höher steigen, bis du ihn nicht mehr sehen kannst ... ... Dabei machst du dir klar, dass du diese Funktion deines Übergewichtes nicht mehr brauchst ... ... Vielleicht dient dir das Übergewicht scheinbar immer noch, weil die Umstände, die dazu geführt haben, dass du es brauchtest, zum Teil noch da sind ... ... und dennoch ... ... Du bist viel stärker geworden in all den Jahren ... ... Du hast Kraft und Sträke aufgebaut ... ... Du kannst auch anders mit dir und mit deiner Umgebung umgehen ... ... Du weißt, dass du dich heute auch anders wehren kannst ... ... auch anders dein Ziel erreichen kannst ... ... Du weißt, dass du dich heute besser schützen kannst als damals ... ...

... ... Dann plötzlich steigen ganz viele Luftballons auf ... ... hunderte farbige Ballons steigen auf und fliegen in den Himmel ... ... In deinem Inneren lösen sich so viele Beklemmungen und Verstrickungen, dass nun hunderte von Ballons aufsteigen und du immer leichter wirst ... ...

... ... Nun weißt du, wozu dein Übergewicht einst da war ... ... Du weißt gleichzeitig deutlicher als je zuvor, dass du diese Funktion nicht mehr brauchst ... ... Du kannst das auch anders erledigen, kannst dich um dich selbst kümmern, auch wenn du schlank bist ... ... Du kannst es ... ... Nun ist es an der Zeit, innerlich leicht zu sein ... ... und äußerlich leicht zu sein ... ... Nun ist es wirklich und tatsächlich an der Zeit, innerlich leicht zu sein ... ... und äußerlich leicht zu sein ... ...

Festigung (Posthypnotischer Auftrag)

... ... Dein Inneres prägt sich ganz fest ein, dass du nun schlank sein darfst ... ... und immer, wenn du einen aufgeblasenen Luftballon siehst, spürst du ganz deutlich, dass nun die Zeit gekommen ist, in der du leicht und schlank sein darfst ... ... Ganz von alleine stellt sich dann auch dein Essverhalten um und du wirst leichter ... ... Jeden Morgen schon schaust du den Luftballon an ... ... vor jeder Mahlzeit schaust du den Luftballon an und sofort spürst du, wie satt dich das tatsächlich schon macht ... ...

> *... ... [Besprechen Sie mit Ihrem Klienten/Ihrer Klientin, dass er/sie einen Luftballon aufblasen und das gefundene Wort darauf schreiben soll. Diesen soll er morgens, nach dem Aufstehen schon ansehen und am besten vor jeder Mahlzeit. So steht zusätzlich ein „Anker" zur Verfügung.] ... ...*

Hauptteil 7: Süßigkeiten neutralisieren

Ideomotorik

Ideomotorik bezeichnet das Phänomen, dass unser Körper mit Bewegungen unseren Gefühle und Gedanken folgt. Im Alltag zeigt sich dieses Folgen als Körperhaltung, als Muskelspannung und Bewegungsmuster einer Person, die sich natürlich mit der Stimmungslage und den Gedanken verändern. In Trance können ideomotorische Signale genutzt werden, um Informationen zu erhalten, die der Klient nicht aktiv mitteilen kann. Das Unterbewusstsein kann beispielsweise mit einem vereinbarten Fingersignal Fragen beantworten. Natürlich können ideomotorische Reaktionen auch suggestiv eingesetzt werden, beispielsweise bei Armlevitationen und Katalepsien. Eine solche Vorgehensweise, die ich auch im folgenden Text anwende, stärkt das Vertrauen in die Hypnose und in die eigene Veränderungsfähigkeit und fördert damit die Therapie.

Halten sie hierzu den Arm des Klienten am Handgelenk fest und ziehen sie ihn schräg nach oben, ohne den Arm zu überstrecken. Testen sie während der Haltesuggestion durch leichtes Nachgeben, ob der Arm bereits kataleptisch gehalten wird und lassen sie ihn los, sobald die Katalepsie steht.

Du willst abnehmen und weißt, dass hierzu einige Veränderungen erforderlich sind ... ... Du willst ab sofort auf Süßigkeiten verzichten ... ... Du weißt, dass das am einfachsten ist, wenn es gelingt, Süßigkeiten zu neutralisieren ... ... sie unwichtig werden zu lassen, sodass du sie essen könntest, aber nicht essen musst ... ... sodass du sie einfach liegen lassen kannst oder sogar ablehnen kannst, weil sie keine Bedeutung mehr haben ... ... Vielleicht fragst du dich ja, wie das geht, Süßigkeiten zu neutralisieren ... ... Dass es möglich ist, weißt du, sonst wärst du nicht hier, um heute Süßigkeiten zu neutralisieren ... ... Ich zeige dir heute, wie das geht ... ... Du selbst kannst es ganz tief in dir ... ... dein Inneres kann das ... ... und es kann dir auch zeigen, sobald es das erledigt hat ... ... Dazu benutzen wir deinen Arm ... ... denn dein Inneres ... ... dein Unterbewusstsein kann dir mit deinem Arm anzeigen, sobald Süßigkeiten neutralisiert wurden ... ...

> ... *[Nun wird der Arm des Klienten vom Therapeuten festgehalten bis die Katalepsie steht. Besprechen sie die Vorgehensweise bitte vor der Sitzung mit dem Klienten und kündigen sie Berührungen während der Trance auch immer unmittelbar an. Vermeiden sie damit immer Schreck- oder Abwehrreaktionen!]* ...

... ... Ich nehme nun dein Handgelenk und halte deinen Arm für dich ... ... Lass es einfach zu ... ... Alles geschieht zu deinem Wohl ... ...

> ... *[Halten sie jetzt den Arm des Klienten am Handgelenk fest und ziehen sie ihn schräg nach oben, ohne den Arm zu überstrecken. Testen sie während der anschließenden Haltesuggestion durch leichtes Nachgeben, ob der Arm bereits kataleptisch gehalten wird und lassen sie ihn los, sobald die Katalepsie steht.]* ...

... ... Achte nun auf deinen Arm. Er wird fester und fester, so fest wie eine Eisenstange ... und federleicht ... es ist also ganz leicht, den Arm zu halten ... hoch zu halten, als würde er von einem unsichtbaren Ballon gehalten ... Dein Arm wird immer fester ... immer, immer fester, ganz fest und stabil ... Dein Arm nimmt Haltung an und verbleibt in genau dieser Position ... Dein Arm wird steif und fest und bleibt in genau dieser Position ... Er ist leicht und ganz fest ... Dein Arm ist vollkommen unbeweglich und starr ... vollkommen unbeweglich und starr ... Dein Arm verbleibt in genau dieser Position ... genau so ...

... [ggf. noch etwas verlängern, falls der Arm nicht gehalten wird, was aber rasch passieren sollte. Für den Klienten ist der kataleptische Zustand keine subjektive Belastung oder Anstrengung. Er hat das Gefühl, der Arm würde von selbst halten.] ...

Nun gebe ich deinem Unterbewusstsein den Auftrag, Süßigkeiten zu neutralisieren ... Sie werden damit für dich bedeutungslos ... Du wirst kein Verlangen mehr nach Süßigkeiten spüren ... im Gegenteil ... Du lehnst sie sogar ab, weil sie dir nicht mehr schmecken ... Dein Unterbewusstsein stellt sich jetzt darauf ein, Süßigkeiten zu neutralisieren ... Dein Arm zeigt dir an, wie viel dein Unterbewusstsein schon erreicht hat ...
Dein Arm wird nun langsam wieder beweglich und sinkt ganz langsam auf die Unterlage ... Das geht in genau der gleichen Zeit, die dein Unterbewusstsein braucht, um Süßigkeiten vollkommen zu neutralisieren, sodass du sie nicht mehr brauchst und ablehnen kannst ... Dein Arm wird nun beweglich und sinkt nach unten und sobald der Arm auf der Unterlage ankommt, sind alle Süßigkeiten für dich vollkommen bedeutungslos geworden ... Sobald dein Arm die Unterlage berührt, fühlst du dich befreit von allen Süßigkeiten ... Du willst sie nicht mehr, weil sie nicht mehr schmecken ...

... [Abwarten bis der Arm auf die Unterlage sinkt. Das kann etwas dauern, kann aber auch rasch gehen. Die Geschwindigkeit spielt für den Erfolg keine Rolle. Sie ist Abbild davon, wie fest der Veränderungswille und wie groß ggf. noch Zweifel sind. Lassen sie das Ganze einfach so laufen, wie es geschieht. Sollte der Arm sich nicht bewegen, helfen sie bitte mit folgenden oder ähnlichen Suggestionen.]

Lass dir Zeit ... ... Mach das in deiner Geschwindigkeit ... ... in deinem Tempo ... ...

Sobald der richtige Zeitpunkt da ist, bewegt sich auch dein Arm ... ...

Sicherlich ist heute der richtige Tag dafür, dann bewegt sich auch gleich dein Arm ... ...

Sollte ***heute*** *noch nicht der* ***richtige*** *Tag sein, dann* ***bewegt sich dein Arm heute*** *noch nicht, doch wenn* ***heute der richtige Tag*** *ist, wird er sich auch* ***gleich bewegen*** *... ...*

Du bist jetzt vollkommen befreit von Süßigkeiten ... ... vollkommen befreit ... ... Süßigkeiten sind für dich jetzt vollkommen bedeutungslos ... ...

Hauptteil 8: Das Übergewichtsmuster

Somato-emotionale Therapie

Die folgende Hypnose arbeitet mit der Verbindung von Emotion und Körper. Da sich alle Gefühle, ebenso wie Gedanken, in körperlichen Reaktionen zeigen, manchmal deutlich, häufig auch sehr diskret, kann mit Hilfe von Fokussierung auf Körperwahrnehmungen und achtsamer Hinwendung zu den Signalen des Körpers an der Problemlösung gearbeitet werden. Der Klient soll seine tief liegenden Gefühle körperlich spüren können und damit auf Anzeichen der emotionalen Veränderung schneller reagieren können. Suggestive Techniken helfen dabei, über eine Beeinflussung der Körperempfindungen auch Emotionen zu verändern, denn nicht nur die Gefühle erzeugen Körperreaktionen, gezielter Körpereinsatz wirkt auch auf die Empfindungen. Freude erzeugt beispielsweise ein Lächeln, umgekehrt bewirkt ein absichtliches Lächeln auch eine tendenzielle Aufhellung der inneren Stimmung.

Du bist heute hier, um dich mit deinen alten Denkmustern zu befassen und mit all dem, was zu deinem Übergewicht geführt hat ... ... All das, was tief in unserer Seele ist, ist auch in unserem Körper zu finden ... ... Jeder Gedanke, jede Stimmung ... ... jedes einzelne Gefühl bildet sich in unserem Körper ab ... ... zeigt sich dort als Druck ... ... als Spannung ... ... als seltsames Gefühl ... ... manchmal sogar als Schmerz ... ... oder nur als seltsames Kribbeln ... ... Wenn du also deinen Körper deutlich spüren kannst, kannst du auch alles erreichen, was du dir vorgenommen hast ... ... alles verstehen ... ... und alles ändern ... ...

... ... Irgendwo in deinem Körper sitzen also auch die alten Denkmuster, die dazu geführt haben, dass du Gewicht angehäuft hattest ... ... Nennen wir es am besten dein Übergewichts-Muster ... ... Es sitzt tief in dir und wirkt von dort aus, ohne dass du es bemerkt hattest ... ... Doch inzwischen kennst du es ... ... Du hast längst verstanden, dass es dieses spezielle Muster gibt muss ... ... Du hast akzeptiert, dass es da ist ... ... Gleichzeitig hast du dich auf den Weg gemacht, es zu finden und aufzulösen ... ...

... ... Es ist in deinen Gefühlen und Gedanken verankert, aber auch in deinem Körper ... ... Du kannst es in deinem Körper spüren ... ... Vielleicht weißt du ja, dass du alles, was zu dir gehört, auch körperlich spüren kannst, wenn du zur Ruhe kommst, so wie jetzt ... ... und dich auf deinen Körper konzentrierst ... ... so wie jetzt ... ... Natürlich hast du in deinem Alltag erlebt, wie sich dein Übergewichts-Muster auswirken kann, doch auch in deinem Körper zeigt es sich ... ... nur eben anders ... ... als Spannung ... ... als Wärme oder Kälte ... ... als Druck oder auf einem anderen Wege ... ... Alle Denkmuster, die wir tief in uns tragen, zeigen sich an einer bestimmten Stelle unseres Körpers am deutlichsten ... ... als Signal, das wir wahrnehmen können ... ... So zeigt sich auch in deinem Körper ein Signal deines Übergewichts-Muster, das dich warnen kann ... ... damit du nicht wieder in die Falle des vielen Essens gerätst ... ... damit du besser auf dich achten kannst ... ... Du musst diese Stelle nur erkennen, dann kannst du sie auch bearbeiten und so ein neues Muster aufbauen ... ...

... ... Nun richte deine Aufmerksamkeit auf deinen Körper und spüre deinen Körper ... ... Geh von Kopf bis Fuß nach unten, wie mit einem Scanner und finde diese besondere Stelle ... ... Finde diese Stelle, die sich irgendwie anders anfühlt, weil dein Übergewichts-Muster dort sitzt ... ... Du findest sie ... ... Sie fühlt sich anders an ... ... vielleicht einfach etwas kälter oder wärmer ... ... vielleicht als Kribbeln ... ... oder als leichte Gänsehaut, die sich plötzlich bildet ... ... Wo auch immer diese Stelle ist ... ... Dort zeigt sich dein Übergewichts-Muster durch ein körperliches Signal ... ... genau dort ... ... Doch auch wenn du sie nicht gefunden hast ... ... Sie ist da ... ... Nimm dann einfach die Stelle, die dir spontan in den Sinn kommt ... ... wo auch immer das ist ... ...

... ... Spüre immer tiefer dort hinein ... ... Geh ganz in dieses Gefühl ... ... wie auch immer es sein mag ... ... Es ist dein Übergewicht, das du dort spürst ... ... Geh immer tiefer in diese Stelle deines Körpers und spüre immer deutlicher die Signale deines Körpers ... ... Vielleicht fühlt es sich anstrengend oder belastend an ... ... Vielleicht dachtest du, dass du es bereits mehr überwunden hast ... ... Sei unbesorgt, denn du spürst hier vor allem das Denkmuster, das zu deiner Körperfülle geführt hat ... ...

... ... Nun richte all deine Aufmerksamkeit und all deine Achtsamkeit und liebevolle Zuwendung auf genau diesen Punkt deines Körpers und verbinde dich mit dem inneren Muster, das dort liegt ... ... Stell dir vor, wie von dieser Stelle aus ein warmes Gefühl in alle Richtungen strömt ... ... als wäre eine innere Sonne an genau dieser Stelle, die ihr Licht und ihre Wärme ausbreitet und sanft nach allen Seiten ausstrahlt ... ... Lass es immer wärmer werden, so angenehm wie möglich ... ... Stell dir helles Licht vor, das von dieser Stelle aus in die Tiefe deines Körpers strahlt ... ... und auch nach außen ... ... Lass diese Stelle deines Körpers zur Wärmequelle werden und immer angenehmer für dich wirken ... ... Diese Wärme kann deinen ganzen Körper erfassen, weil du diese Achtsamkeit aufbringst ... ... diese Hinwendung zu dir selbst ... ... So wird diese Stelle deines Körpers immer ruhiger ... ... immer entspannter ... ... immer angenehmer ... ... und ebenso angenehm verändert sich das Denkmuster ... ... Immer mehr lösen sich alte Verstrickungen und werden durch neue Denkmuster der Selbstfürsorge und Achtsamkeit ersetzt ... ... Überall dort, wo vor kurzem noch das Übergewichts-Muster war, findest du mehr und mehr Liebe von dir für dich ... ... immer mehr Liebe von dir für dich ... ... deine Selbstliebe und Achtsamkeit ... ... deine

Selbstliebe und Achtsamkeit ... ... Atme weiter ruhig und gleichmäßig und vertraue auf die Kraft in deinem Inneren ... ... Überall dort, wo vor kurzem noch das Übergewichts-Muster war, findest du mehr und mehr Liebe von dir für dich ... ... immer mehr Liebe von dir für dich ... ... deine Selbstliebe und Achtsamkeit ... ... deine Selbstliebe und Achtsamkeit ... ...

Festigung (Posthypnotischer Auftrag)

... ... Du spürst die Veränderung deines Körpers und machst dir klar, dass dein Körper dir immer zeigen kann, wie es dir in deinen Gefühlen geht ... ... vor allem in den Gefühlen, die du im Alltag nicht immer so gut spüren konntest ... ... Jetzt kannst du es, denn du weißt, dass dein Körper dir hilft ... ... Du achtest also jeden Tag auf deinen Körper und fragst dich bereits morgens beim Aufstehen, wie sich dein Körper heute anfühlt ... ... Er zeigt dir, worauf du achten musst ... ... Wann immer du eine Stelle findest, die sich deutlich anders anfühlt als der übrige Körper, schenkst du dir selbst Achtsamkeit und konzentrierst dich auf diese Stelle ... ... Damit verbindest du dich mit dem Gefühl, das in dir liegt, und erkennst es ... ... So kannst du reagieren ... ... So kannst du rechtzeitig erkennen, wann du dich um dich selbst mehr kümmern musst ... ...

Hauptteil 9: Das Land der hohen Berge

Fantasiereise der Traumlandtherapie

Der folgende Hypnosetext arbeitet im Hauptteil (Anwendungsteil, Therapieteil) mit einer Fantasiereise (Trancegeschichte). Das bedeutet, dass eine Abfolge von Szenen wie eine kleine Geschichte ausgewählt wird, als Stellvertreter für die emotionalen Hintergründe des behandelten Problems. Durch Auseinandersetzung auf der Gefühlsebene ändern sich Einstellungen, Haltungen und Bewertungen. Hier sind Suggestionsregeln weniger von Bedeutung als Vorstellungskraft und innere Kreativität des Klienten. Die Bilder werden daher teilweise mit vielen Details angeboten, andererseits auch vieles bewusst offen gelassen. Es handelt sich bei dieser Vorgehensweise um eine kooperative Art der Hypnose. Informationen zur Traumlandtherapie sowie Möglichkeiten, diese selbst zu erlernen, gibt es auf www.traumlandtherapie.de!

Du gehst in das Land der Träume ... Du stehst mitten auf der Wiese und das Wetter ist wunderschön ... Die Sonne scheint und lädt dich ein zu einer Wanderung über die vier hohen Berge ... Du siehst sie vor dir ... vier Berge der Herausforderung ... Schon oft hast du dich großen Herausforderungen gestellt ... Viele konntest du gut in den Griff bekommen ... andere waren schwieriger ... Vielleicht auch konntest du so manche Aufgabe nicht bewältigen oder nicht so, wie du es von dir selbst erwartet hattest ... Und heute geht es um die besondere Herausforderung, leichter zu werden und schlanker ... heute und an jedem Tag deines Lebens, denn schlank willst du ja für immer sein ... Du machst dich also auf den Weg ... du trägst einen Rucksack mit vier Mahlzeiten mit dir, um unterwegs immer satt zu sein ... Geh also los in deine schlankere Zukunft ... Schritt für Schritt wirst du dann schon leichter auf deiner Wanderung in dieser schönen Fantasie und dann jeden Tag in deiner wachen Wirklichkeit ... jeden Tag leichter ...Dein Weg führt zu dem ersten Berg ... Es ist der Berg der Sehnsucht ... Alle unerfüllten Wünsche sind hier zu finden und alle Träume von einer besseren Zeit ... Dabei fallen dir deine Sehnsüchte und Wünsche ein ... alles Unerfüllte ... Du denkst an das, was du noch nicht erreichen konntest ... und an das, was du dir für deine Zukunft wünschst ... Du gehst immer weiter bis zum Gipfel des Berges der Sehnsucht ... Hier oben kannst du unendlich weit in die Ferne sehen ... Du weißt, dass du oft etwas gegessen hast, um Sehnsüchte zu betäuben ... So konntest du dir etwas geben, was dir an anderer Stelle versagt blieb ... Wenn du leichter bist ... so leicht wie jetzt hier in diesem schönen Tagtraum, in dem du wandern kannst, ohne zu ermüden ... dann ist es viel leichter den Berg der Sehnsucht zu erklimmen und zu spüren, welche unerfüllten Wünsche du eigentlich noch hast ... Am Gipfelkreuz dieses Berges sagst du dir: Essen ist der falsche Weg ... Ich erfülle mir einfach meine wirklichen Wünsche ... Du öffnest deinen Rucksack und legst eine Mahlzeit ans Gipfelkreuz und lässt sie dort ... Du brauchst sie ja nicht mehr ... Du hast genügend andere Ziele ... Essen kannst du später ... Und dann gehst du hinab ins Tal und wirst leichter ... Du hast eine Hürde genommen und kommst immer näher zu dir selbst und zu deinen wirklichen Bedürfnissen ... Dein Weg führt dich weiter ... und mit Leichtigkeit erreichst du den zweiten Berg ... Es ist der Berg des Perfektionismus ... Du steigst nach oben und denkst darüber nach, welche Rolle der Perfektionismus in deinem Leben bisher gespielt hat ... Oft hast du versucht, perfekt zu sein ... vielleicht auch, perfekt zu denken und zu fühlen ... etwas zu erfüllen, obwohl du ganz andere Interessen hattest ... Und obwohl deine Essgewohnheiten nicht gerade perfekt sind, strebst du auch hier nach Perfektion und hast wahrscheinlich den überhöhten Anspruch, nun ganz diszipliniert sein zu müssen ... Da ist wieder der Anspruch des Perfektionismus ... Du steigst immer höher und höher ... Du machst dir klar, dass es manchmal auch der nicht erfüllte Perfektionismus war, der dich hat essen lassen ... So als wolltest du etwas auffüllen ... Am Gipfelkreuz dieses Berges sagst du dir: Essen ist der falsche Weg ... Ich muss nicht perfekt sein ... Ich bin gut so wie ich bin ... Du öffnest deinen Rucksack und legst eine Mahlzeit ans Gipfelkreuz und lässt sie dort ... Du brauchst sie ja nicht mehr ... Du hast genügend andere Ziele ... Essen kannst du später ... Und dann gehst du hinab ins Tal und wirst leichter ...Dein Weg führt weiter zum dritten Berg ... Es ist der Berg des schlechten Gewissens ... ... Das kennst du gut ... So oft schon hattest du ein schlechtes Gewissen, weil du gedacht hast, du machst etwas falsch oder erfüllst etwas nicht ... Selbst wenn du einmal ganz an dich selbst gedacht hast, kam dir das vor wie Egoismus und du hattest ein schlechtes Gewissen ... Natürlich auch beim Essen ... Wenn du dann viel zu viel gegessen hast, hast du dich schon oft anschließend darüber geärgert und ein schlechtes Gewissen gehabt ... Du steigst also auch diesen Berg der Herausforderung hoch und überlegst dir, in welchen Situationen du schon so oft ein schlechtes Gewissen hattest ... Viele Situationen, die für dich immer mit einem schlechten Gewissen verbunden waren, fallen dir wieder ein ... Manche sind vielleicht tief verborgen, doch für die kannst du zumindest ein Gefühl entwickeln ... Am Gipfelkreuz dieses Berges sagst du dir: Essen ist der falsche Weg ... Ich lasse das schlechte Gewissen los und werde leicht ... Du öffnest den Rucksack und legst eine Mahlzeit ans Gipfelkreuz und lässt sie dort ... Du brauchst sie ja nicht mehr ... Du hast genügend andere Ziele ... Essen kannst du später ... Und dann gehst du hinab ins Tal und wirst leichter ... Dein Weg führt dich weiter und bringt dich zum vierten Berg ... Es ist der Berg der Leichtigkeit ... Auch dein Rucksack ist schon viel leichter geworden, denn du hast ja auf jedem Berg etwas zu Essen abgegeben ... Du brauchst es ja nicht mehr ... Nun steigst du den Berg der Leichtigkeit empor und wirst mit jedem Schritt leichter und satter ... Denn beides gehört zusammen ... satt sein und leicht sein ... satt sein und leicht sein ... Auf dem Weg nach oben überlegst du dir, wann du dich zum letzten Mal innerlich leicht gefühlt hast ... Du denkst darüber nach, in welchen Situationen und zu welchen Gelegenheiten du dich leicht fühlen kannst ... Du überlegst, was du heute oder Morgen brauchst, um leicht zu sein ... leicht und gelassen und gleichzeitig zufrieden ... Du steigst immer höher auf diesen Berg und nimmst das Gefühl der Leichtigkeit tief in dir auf ... Unbeschwertheit und Fröhlichkeit ... tief in dir auf ... Befreiung nimmst du tief in dir auf ... Und all das macht dich satt und zufrieden ... Am Gipfelkreuz dieses Berges sagst du dir: Essen ist der falsche Weg ... Ich gönne mir Leichtigkeit und Freiheit ... Du öffnest deinen Rucksack und legst eine Mahlzeit ans Gipfelkreuz und lässt sie dort ... Du brauchst sie ja nicht mehr ... Du hast genügend andere Ziele ... Essen kannst du später ... Und dann gehst du hinab ins Tal und wirst leichter ... Dein Rucksack ist leer ... Du hast alle Mahlzeiten abgegeben und fühlst dich frei ... Im Tal wanderst du weiter und sammelst lauter grüne Kleeblätter ein ... Jedes Kleeblatt steht für einen schönen Tagtraum und für eine neue Idee ... für eine Bereicherung deines Lebens ... für neue Ziele und für das Gefühl der Freiheit, das damit verbunden sein kann ... Du genießt den Tag und bist frei ...

Festigung (Posthypnotischer Auftrag)

... ... Dann überlegst du dir, dass das vielleicht nicht nur im Land der Träume so ist, sondern auch in deinem Alltag ... ... Fantasie und Wirklichkeit liegen viel näher beieinander als du dachtest ... ... Du denkst darüber nach, dass das Land der Träume tief in dir drin ist. Dort war es schon immer. Ich erzähle dir nur davon ... ...

Hauptteil 10: Der Brunnen der Wahrheit

Fantasiereise der Traumlandtherapie

Der folgende Hypnosetext arbeitet im Hauptteil (Anwendungsteil, Therapieteil) mit einer Fantasiereise (Trancegeschichte). Das bedeutet, dass eine Abfolge von Szenen wie eine kleine Geschichte ausgewählt wird, als Stellvertreter für die emotionalen Hintergründe des behandelten Problems. Durch Auseinandersetzung auf der Gefühlsebene ändern sich Einstellungen, Haltungen und Bewertungen. Hier sind Suggestionsregeln weniger von Bedeutung als Vorstellungskraft und innere Kreativität des Klienten. Die Bilder werden daher teilweise mit vielen Details angeboten, andererseits auch vieles bewusst offen gelassen. Es handelt sich bei dieser Vorgehensweise um eine kooperative Art der Hypnose. Informationen zur Traumlandtherapie sowie Möglichkeiten, diese selbst zu erlernen, gibt es auf www.traumlandtherapie.de!

Du gehst in das Land der Träume ... ... Du stehst auf einem breiten Weg und folgst ihm ganz selbstverständlich, weil du weißt, dass er dich näher zu dir selbst bringt ... ... näher zu deiner inneren Wahrheit ... ... vor allem aber zu Teilen dieser Wahrheit, die du noch nicht kennst ... ... Teile, die du vielleicht auch lange Zeit gezielt ignoriert hast ... ...
... ... Du gehst einfach voller Vertrauen weiter und weißt, dass du hier im Land der Träume immer nur dich selbst finden kannst ... ... Du bist also beschützt und geborgen hier ... ... Du folgst dem Weg ins Tal ... ... gehst immer tiefer hinab ... ... ganz tief in das Land der Träume hinein ... ... Dabei wird es immer stiller und immer ruhiger ... ... Du kommst im Tal der Stille an ... ... dieses Tal, in dem die Zeit still zu

stehen scheint ... ... Hier zählt nur der Augenblick ... ... nur die direkte Gegenwart ... ... Bereits die letzte Sekunde gehört der Vergangenheit an und kann nicht mehr verändert werden ... ... Nur die Gegenwart kannst du gestalten und die Zukunft damit selbst bestimmen ... ... Von der Vergangenheit aber kannst du lernen ... ... Du kannst erkennen, was du einst getan hast ... ... was du einst nicht ändern oder gar nicht beeinflussen konntest ... ... um nun die Gegenwart so zu gestalten, dass du dein Ziel besser und schneller erreichen kannst ... ... dein Ziel, abzunehmen und endlich leicht zu sein ... ...

... ... Du kommst schließlich am Ende des Tales an und findest einen schmalen Pfad, der nach oben führt ... ... Du folgst diesem Pfad, und jeder Schritt hier im Land der Träume ist federleicht ... ... Du gehst immer weiter nach oben ... ... bis du in der Sonne stehst und weit über das Land blicken kannst ... ... Dein Blick geht weit in die Ferne und ist so klar wie nie zuvor ... ...

... ... Dann kommst du zu einem wunderschönen Garten ... ... Schon von weitem siehst du die Farbenpracht ... ... Das Tor öffnet sich von selbst und lässt dich ein ... ... Das ist der Garten der Zeit ... ... Du folgst diesem Pfad weiter, der quer durch den Garten der Zeit führt ... ... Dann kommst du zu einem steinernen Brunnen ... ... Er ist von wunderschönen Pflanzen umgeben ... ... Ein Platz, der dich zum Verweilen einlädt ... ...

... ... Du gehst ganz nah an den Brunnen heran und schaust in ihn hinein ... ... Er ist bis oben hin gefüllt mit klarem Wasser ... ... Du kannst den Boden aber nicht erkennen, denn der Brunnen ist unendlich tief ... ... der Brunnen der Wahrheit ... ... Es gibt ihn nur hier, im Land deiner Träume und Erinnerungen ... ... der Brunnen der Wahrheit ... ...

... ... Du schaust aufs Wasser und siehst, dass aus der Tiefe des Brunnens Bilder aufsteigen ... ... Sie steigen im Wasser auf und kommen nach oben ... ... Bilder steigen an die Oberfläche des Wassers ... ...

... ... Nun steigt ein Bild auf, dass dir Menschen zeigt, die dazu beigetragen haben, dass du dich einst für das Übergewicht entscheiden hattest ... ... Du siehst sie wie auf einem Foto, wie auf einem Poster, dass aus der Tiefe nach oben steigt und an der Wasseroberfläche verbleibt, um von dir gesehen zu werden ... ... Du schaust dir das Foto an ... ... Vielleicht hattest du mit genau diesen Menschen gerechnet, weil du schon immer den Verdacht hattest, dass du im Kontakt mit ihnen die frühere Entscheidung zum Übergewicht getroffen hattest, ohne es damals zu bemerken ... ... Du konntest es auch nicht verhindern ... ... Es ist so gekommen, wie es damals war ... ... Heute aber kann alles anders ein ... ... Heute kannst du von genau diesem Bild lernen, dich anders zu entscheiden ... ... denn heute ist bereits alles anders ... ... Das Bild gehört der Vergangenheit an ... ... Doch du kannst lernen ... ...
Vielleicht aber siehst du auch Menschen auf diesem Bild, mit denen du nicht gerechnet hattest ... ... Es können auch Personen darauf sein, die du liebst und schätzt ... ... Doch im Kontakt mit genau den Personen, die du siehst, hattest du damals gelernt, besser dick zu sein ... ... Möglicherweise ist es sogar nur eine einzige Person, die du sehen kannst ... ... die Person, die dich eben am meisten oder am deutlichsten beeindruckt hat ... ... Heute kannst du von genau der gleichen Person lernen, wie das geht, wieder leicht zu sein ... ... innerlich leicht und äußerlich leicht ... ...
... ... Dann löst sich das Bild langsam auf ... ... Es zerfließt an der Oberfläche, weil du bereits alles verstanden und alles gelernt hast, was du brauchst, um jetzt tatsächlich erfolgreich abzunehmen ... ... Betrachte das Bild und sieh dabei zu, wie es sich auflöst ... ...

... ... *[eine gefühlte Minute Pause einlegen, dann weiter machen]* ... ...

... ... Nun atme tief durch ... ... tief ein und aus ... ... tief ein und aus ... ... und spüre die innere Befreiung ... ... Du darfst dich jetzt leicht fühlen und leicht werden ... ...

... ... Dann schaust du in den Himmel und stellst dir vor, wie das sein wird, sobald du dein Wunschgewicht erreicht hast ... ... Jetzt hält dich nichts mehr auf ... ... Jetzt bist du frei von alten Zwängen ... ... Jetzt kannst du abnehmen und schlank sein ... ... Du stellst dir ganz deutlich vor, wie schön das sein wird, sobald es dir ganz gelungen ist, dein Wunschgewicht zu erreichen ... ...

... ... Dann findest du einen schönen Platz in der Nähe des Brunnens und legst dich hin ... ... Du schließt die Augen und genießt dieses schöne leichte Gefühl in dir ... ... Du schenkst dir selbst Ruhe und Achtsamkeit ... ...

Festigung (Posthypnotischer Auftrag)

... ... Dann überlegst du dir, dass das vielleicht nicht nur im Land der Träume so ist, sondern auch in deinem Alltag ... ... Fantasie und Wirklichkeit liegen viel näher beieinander als du dachtest ... ... Du denkst darüber nach, dass das Land der Träume tief in dir drin ist. Dort war es schon immer. Ich erzähle dir nur davon ... ...

Übergang zur Ausleitung 1:

Nun ist es Zeit, zurückzukehren hier in diesen Raum, auf die Unterlage, die du unter deinem Körper spürst, und bald wieder wach zu werden … … Du orientierst dich zu meiner Stimme hin und hörst mich laut und deutlich … … Alle Gedanken und Traumbilder, die du vielleicht noch siehst, lässt du nun los … … Es ist Zeit, zurückzukommen … … und wieder wach zu werden … … wacher und wacher … … Schritt für Schritt kommst du zurück und wirst wach … … Das machst du in deiner eigenen Geschwindigkeit … … in deinem Tempo … …

[Sofern mit Körpersignalen gearbeitet wurde, sollten die betreffenden Suggestionen zurückgenommen werden. „Du hast die volle Kontrolle über deinen Arm und deine Finger".]

… … Du spürst deinen Körper und weißt, dass du fest mit ihm verbunden bist … … Du hast die Kontrolle über alle Körperteile … … Du kannst deine Arme und Beine frei bewegen, auch deine Finger … …

Übergang zur Ausleitung 2:

Jede Reise geht einmal zu Ende … … Wir sind am Ende deiner heutigen Reise angekommen … … und vielleicht ist genau dieses Ende auch der Anfang für Neues … … Nun kommt es darauf an, dass du wieder vollkommen wach wirst … … Nun ist es an der Zeit, wieder deine Sinne zu schärfen und dich in den Raum hinein zu orientieren, indem wir beide uns befinden … … Du kommst nun langsam zurück, so wie es für dich am besten ist … …

> *[Sofern mit Körpersignalen gearbeitet wurde, sollten die betreffenden Suggestionen zurückgenommen werden. „Du hast die volle Kontrolle über deinen Arm und deine Finger".]*

… … Du spürst deinen Körper und weißt, dass du fest mit ihm verbunden bist … … Du hast die Kontrolle über alle Körperteile … … Du kannst deine Arme und Beine frei bewegen, auch deine Finger … …

Übergang zur Ausleitung 3:

Wir nähern uns dem Ende deiner heutigen Trance ... ... Mit neuer Kraft und Stärke kannst du gleich wieder vollkommen erwachen ... ... dich auf den Tag einstellen, auf deine Aufgaben und Ziele ... ... Du konzentrierst dich auf deinen Körper ... ... Du kannst deinen Körper fühlen und damit die volle Kontrolle über deinen Körper übernehmen ... ... Du kannst also deinen Körper auf das Wachsein vorbereiten ... ... deinen Muskeln bereits jetzt darüber informieren, dass sie sich gleich wieder bewegen und dich kraftvoll aufstehen lassen ... ... genau so ... ...

> *[Sofern mit Körpersignalen gearbeitet wurde, sollten die betreffenden Suggestionen zurückgenommen werden. „Du hast die volle Kontrolle über deinen Arm und deine Finger".]*

... ... Du spürst deinen Körper und weißt, dass du fest mit ihm verbunden bist ... ... Du hast die Kontrolle über alle Körperteile ... ... Du kannst deine Arme und Beine frei bewegen, auch deine Finger ... ...

Ausleitung 1:

… … Ich wecke dich jetzt und dazu zähle ich bis drei … … Und wenn ich bei drei angekommen bin, dann bist du vollkommen wach … … vollkommen wach und gut erholt … … Sobald ich bei drei ankomme, bist Du vollkommen wach … …

… Eins … Dein Puls nimmt wieder deine normalen Wachwerte an, dein Kreislauf ist stabil …

… Zwei … Deine Atmung kommt zurück auf dein normales Wachniveau und du spürst, dass du zurückkommst und dass du gleich wieder vollkommen wach bist …

… Drei … Wach auf!

Ausleitung 2:

Du gehst auf einer Treppe nach oben … … Stufe für Stufe und Schritt für Schritt … … Mit jeder Stufe, die du nach oben gehst, wirst du wacher … … Und von Stufe zu Stufe wird es heller … … Es ist etwa so, als würdest du aus einem tiefen Keller heraus nach oben gehen … … Auch da weißt du, dass du mit jedem Schritt näher an die Oberfläche gelangst … … Du gehst also immer höher und höher … … Stufe für Stufe … … heller und heller … … wacher und wacher … … Du bist schon fast oben angekommen … … Du gehst immer weiter … … immer weiter nach oben und es wird heller und heller … … und du wirst wacher und wacher … … So, als wenn du aus einem Keller nach oben gehst, werden die Geräusche um dich herum lauter, denn gleich bist du wieder hier … … Aus deiner Tiefe zurückgekehrt und wach … … Du öffnest die Augen und bist wach … …

Ausleitung 3:

Du orientierst dich zu mir hin … … Du konzentrierst dich auf meine Stimme und hörst mich gut … … Du kommst einfach zurück ins Hier und Jetzt … … Du wirst wacher mit jedem Atemzug … …

… … Du beginnst dich zu bewegen und zu strecken … … Du atmest tief ein und aus … … Und während du wacher und wacher wirst … … in deinem eigenen Tempo … … in deiner Geschwindigkeit … … spürst du, dass wieder Frische und Energie in deinen Körper treten und du gleich völlig wach und fit bist … …

… … Komm nun in deiner Geschwindigkeit zurück … … Und sobald du vollkommen wach bist, kannst du die Augen öffnen und dich wohl fühlen … …

Buchreihe: Zehn Hypnosen

Zehn Hypnosen. Band 1: Raucherentwöhnung *ISBN: 978-3-7322-4733-2*

Zehn Hypnosen. Band 2: Angst und Unruhezustände *ISBN: 978-3-7322-4734-9*

Zehn Hypnosen. Band 3: Burn Out *ISBN: 978-3-7322-4717-2*

Zehn Hypnosen. Band 4: Übergewicht reduzieren *ISBN: 978-3-7322-4569-7*

Zehn Hypnosen. Band 5: Vergangenheitsbewältigung *ISBN: 978-3-7322-4719-6*

Zehn Hypnosen. Band 6: Suizidgedanken und Suizidversuche *ISBN: 978-3-7322-4722-6*

Zehn Hypnosen. Band 7: Psychoonkologie *ISBN: 978-3-7322-4725-7*

Zehn Hypnosen. Band 8: Zwänge und Tics ISBN: *978-3-7322-4726-4*

Zehn Hypnosen. Band 9: Selbstvertrauen und Entscheidungen *ISBN: 978-3-7322-4727-1*

Zehn Hypnosen. Band 10: Trauerarbeit *ISBN: 978-3-7322-4729-5*

Trancegeschichten

Fang wieder an zu leben. Trancegeschichten *ISBN: 978-3-7322-4695-3*

Wellen am Horizont. Trancegeschichten *ISBN: 978-3-8391-1394-3*

Heilsame Fantasien. Trancegeschichten *ISBN: 978-3-8391-0899-4*

Weitere Hypnosebücher

Selbsthypnose. Das Praxisbuch *ISBN: 978-3-7322-4667-0*

Hypnose kreativ gestalten. Anleitungen und Texte für die Praxis *ISBN: 978-3-8448-0308-2*

Hypnosepraxis. Ein Leitfaden der Trancearbeit *ISBN: 978-3-8370-7629-5*

Reframing in Trance. Perspektiven mit Hypnose ändern *ISBN: 978-3-8370-7639-4*

Rückführungen. Leitfaden der Reinkarnationstherapie *ISBN: 978-3-8370-7642-4*

Der Hypnosebaukasten. Textbausteine und Anleitungen *ISBN: 978-3-8391-8109-6*

Grundkurs Hypnose *ISBN: 978-3-8391-0170-4*

Suggestionen richtig formulieren. 10 Minimax-Techniken für Hypnotiseure *ISBN 978-3-8370-9519-7*

Suggestionstexte und Hypnosevorlagen

Hypnosetexte 1. 50 ausformulierte Suggestionstexte für den Hypnosehauptteil *ISBN: 978-3-7322-4658-8*

Hypnosetexte 2. 50 ausformulierte Suggestionstexte für den Hypnosehauptteil *ISBN: 978-3-7322-4659-5*

Hypnosetexte 3. 50 ausformulierte Suggestionstexte für den Hypnosehauptteil *ISBN: 978-3-7322-4660-1*

Hypnosetexte 4. 50 ausformulierte Suggestionstexte für den Hypnosehauptteil *ISBN: 978-3-7322-4665-6*

Heilpraktikerbücher

Heilpraktiker für Psychotherapie. Prüfungswissen *ISBN: 978-3-8334-9867-1*

Heilpraktiker für Psychotherapie. Die mündliche Prüfung *ISBN: 978-3-8334-9868-8*

Heilpraktiker für Psychotherapie. Die schriftliche Prüfung *ISBN: 978-3-8370-0347-5*

Heilpraktiker für Psychotherapie. 20 Fallbeispiele *ISBN: 978-3-8370-1090-0*

Endlich Heilpraktiker. Die häufigsten Irrtümer in der Psychotherapieprüfung *ISBN: 978-3-8370-0329-1*

Übungsaufgaben Psychotherapie. Zur Vorbereitung auf den kleinen Heilpraktiker *ISBN: 978-3-8370-0683-4*

Crashtest Psychotherapie. Zur Vorbereitung auf den kleinen Heilpraktiker *ISBN: 978-3-8370-0709-1*

Spezialtest Psychotherapie. Für kleine und große Heilpraktiker *ISBN: 978-3-8370-5838-3*

Heilpraktikerprüfung Psychotherapie. 200 kommentierte Aufgaben *ISBN: 978-3-8370-6017-1*

Diagnosetraining Psychotherapie. Ein Arbeits- und Nachschlagebuch *ISBN: 978-3-8370-4281-8*

Psychotherapie. Der Fragenkatalog. Fachwissen Heilkunde *ISBN: 978-3-8370-5396-8*